W0367416

Die schönsten Gipfel der Welt
Les plus beaux sommets du monde
The world's greatest peaks

Die schönsten Gipfel der Welt
Les plus beaux sommets du monde
The world's greatest peaks

Text: Reinhold Messner

SIGLOCH EDITION

◂ **Drei Zinnen, 2999 m, Italien**
Der Blick fällt hier von Norden auf die Drei Zinnen. Im dunstigen Hintergrund sind Cadinspitzen, Antelao, Sorapis und Monte Pelmo zu erkennen. Durch ihre eigenwillige Komposition wurden die Zinnen – alles in allem sind es sieben Berge – zu Symbolgipfeln der Dolomiten. Oft ist es nicht ein Gipfel, der besticht, sondern eine ganze Gruppe, die durch ihre einmalige Schönheit wirkt.

◂ **Tre Cime di Lavaredo, 2999 m, Italie**
Une vue du nord sur les trois cimes avec dans le fond brumeux les sommets du Cadini, de l'Antelao, du Sorapis et du Monte Pelmo. La composition frappante des Tre Cime – qui sont en fait sept en tout – leur a valu de devenir le symbole des Dolomites. Souvent, ce n'est pas un sommet, mais tout un groupe qui frappe par son extraordinaire beauté.

◂ **Tre Cime di Lavaredo, 9,839 ft, Italy**
A view of the Tre Cime from the north, with the Cadini peaks, Antelao, Sorapis, and Monte Pelmo in the hazy background. Thanks to their striking, the Cime – actually seven mountains in all – have come to symbolize the Dolomites. Often it is the beauty of a whole group, rather than that of a single peak, which is most memorable.

Französische Fassung: Marlène Kehayoff-Michel
Englische Fassung: Desmond Clayton

© 1989 Sigloch Edition, Zeppelinstr. 35a
D-7118 Künzelsau. Verlagsleitung: Hans Kalis
Nachdruck verboten. Alle Rechte vorbehalten
Printed in Germany
Redaktion und Herstellung: Dr. Renate Mangold und Michael Sanny, Sigloch Edition, Künzelsau
Reproduktion: Otterbach Repro, Rastatt
Satz: Setzerei Lihs, Ludwigsburg
Druck: Mairs Graphische Betriebe, Ostfildern
Papier: 150 g/qm BVS
der Papierfabrik Scheufelen, Lenningen
Bindearbeiten: Sigloch Buchbinderei, Künzelsau
ISBN 3800303396

Inhaltsverzeichnis

Table des matières

Contents

Die schönsten Gipfel der Welt

Dieses Buch ist subjektiv, weil die Auswahl der Gipfel subjektiv ist. Schönheit, auch wenn es um Formen und Linien geht, ist nicht meßbar. Zum Beispiel das Matterhorn: »Der schönste Gegenstand, dessen Anblick dieser Ort darbietet, ist die hohe und stolze Spitze des Mont Cervin, die sich in Form eines dreieckigen Obelisken aus lebendigem Fels, der wie gemeißelt erscheint, zu gewaltiger Höhe erhebt.« So beschreibt Horace Bénédict de Saussure, Bergsteiger und Wissenschaftler, das Matterhorn. Hundert Jahre später meint Ludwig Purtscheller: »Dem Matterhorn gebührt unzweifelhaft die erste Stelle in der stolzen Reihe der Zermatter Gebirgsfürsten. In kühn geschwungenen Linien steigt der scharfgeschnittene Obelisk aus der Tiefe der Firnmeere in die Lüfte empor, ringsum von Abgründen und Talungen umtieft, die Wolken des Himmels überragend: ein Bild unübertroffener Größe und Majestät.« Und nochmals fünfzig Jahre später schreibt Guido Rey: »Wenige Alpengipfel wirken, glaube ich, so erhaben, so gewaltig ernst wie dieser, von dieser Stelle aus und zu einer gewissen Stunde gesehen, bei Tagesanbruch oder bei Sonnenuntergang, wenn die Talhänge, die ihn umrahmen, in Dunkel getaucht sind und nur die Pyramide sich auftürmt, ganz von Licht umflossen, daß sie selbst zu leuchten scheint. Dann steht sie vor unseren Augen nicht wie ein wirklicher Berg, sondern wie ein wunderbares Traumbild.« Das Matterhorn galt lange als der schönste Berg der Erde.
Mit dem Beginn der Bergfotografie wurden andere, ferne Gipfel berühmt: K2, Ama Dablam, Machapucharē. Sie wurden wegen

▸ **Mount Tyree, 4965 m, Antarktis**
Dieser schwierige Berg steht, ebenso wie der Mount Vinson, der höchste Gipfel des siebten Kontinents (rechts vom Bildausschnitt), in den Ellsworth Mountains. Viele Gipfel der Antarktis sind noch nicht fotografiert, die wenigsten bestiegen, nur einige vermessen. Auch bei der Höhenangabe vermessener Gipfel ist Skepsis angebracht. Die Höhen in diesem Buch dürfen nur als Annäherungswert angesehen werden.

Les plus beaux sommets du monde

Ce livre est subjectif car le choix des sommets est subjectif. La beauté, même lorsqu'il s'agit de formes et de lignes, n'est pas mesurable. A propos du Cervin par exemple, l'alpiniste et scientifique Horace Bénédict de Saussure dit ceci: «Le plus bel objet que cet endroit offre à la vue est la haute pointe orgueilleuse du Cervin qui se dresse à une hauteur imposante sous la forme d'un obélisque triangulaire qui semble ciselé dans la roche vivante.» Cent ans plus tard, Ludwig Purtscheller estime à son sujet: «Dans la fière rangée des imposants sommets de Zermatt, le Cervin occupe incontestablement la première place. En lignes hardies, l'obélisque aux arêtes tranchantes s'élève dans les airs au-dessus des profondeurs des champs de névé, entouré d'abîmes et de vallées, dominant les nuages du ciel: un tableau d'une grandeur et d'une majesté sans égal.» Et encore cinquante ans plus tard, Guido Rey écrit: «Il y a peu de sommets des Alpes, je crois, qui paraissent aussi grandioses, aussi prodigieusement solennels que celui-ci contemplé de cet endroit et à une certaine heure, au lever du jour ou au crépuscule, lorsque les versants des vallées qui l'encadrent sont plongés dans l'obscurité et que seule se dresse la pyramide si baignée de lumière qu'elle semble étinceler. Elle ne nous apparaît alors pas comme une montagne réelle mais comme un rêve merveilleux.» Pendant longtemps, le Cervin a passé pour être la plus belle montagne de la terre.
Avec les débuts de la photographie de montagne, d'autres sommets lointains comme le K2, l'Ama Dablam, le Machapucharē devinrent célèbres. Ils furent admirés pour leur

▸ **Mount Tyree, 4965 m, Antarctique**
C'est une montagne difficile qui se trouve, comme le Mount Vinso, le plus haut sommet du septième continent (à droite de la photo), dans les Ellsworth Mountains. De nombreux sommets de l'Antarctique n'ont pas encore été photographiés, très peu ont été escaladés et quelques-uns seulement ont fait l'objet d'un relevé topographique. Pour ceux dont la hauteur a été établie, le doute est également de mise et les altitudes indiquées dans ce livre doivent être considérées comme approximatives.

The world's greatest peaks

This book is subjective, because the choice of peaks is subjective. Beauty, even when it's expressed in forms and lines, is not quantifiable. Take the Matterhorn, for example: "The finest object to be seen from here is the high and proud peak of Mont Cervin, which takes the form of a three-cornered obelisk, gives the impression of having been chiselled out of the living rock, and rises to a tremendous height." This is how Horace Bénédict de Saussure, mountaineer and scientist, described the Matterhorn. A hundred years later, Ludwig Purtscheller wrote: "The Matterhorn undoubtedly deserves first place in the proud series of majestic Zermatt mountains. The clear-cut obelisk rises in dashing, sweeping lines from the depths of the névé fields into the air, surrounded by abysses and ravines, soaring above the clouds: a picture of unsurpassed magnitude and majesty." And fifty years later again, Guido Rey says: "I believe that there are few Alpine peaks which look so noble, so tremendously austere as this one seen from this place and at a certain time – sunrise or sunset – when its flanks are in darkness and only the pyramid can be seen soaring upward, so bathed in light that it seems to be luminiferous. On such occasions, it appears to us not like a real mountain, but rather like a wonderful vision."
As these quotations suggest, the Matterhorn was long regarded as the world's most beautiful mountain. Then, with the beginning of mountain photography, other, more distant mountains such as K2, Ama Dablam, or Machapucharē, became famous. They were admired for their beauty, although they had

▸ **Mount Tyree, 16,290 ft, Antarctica**
This is a difficult mountain, and, like Vinson Massif – the highest peak of the seventh continent – is part of the Ellsworth Mountains. Many of the Antarctic peaks have not yet been photographed, very few have been climbed, and only a few surveyed. The heights even of those that have been surveyed must be regarded with a certain scepticism, and those given in this book should be regarded as only approximate.

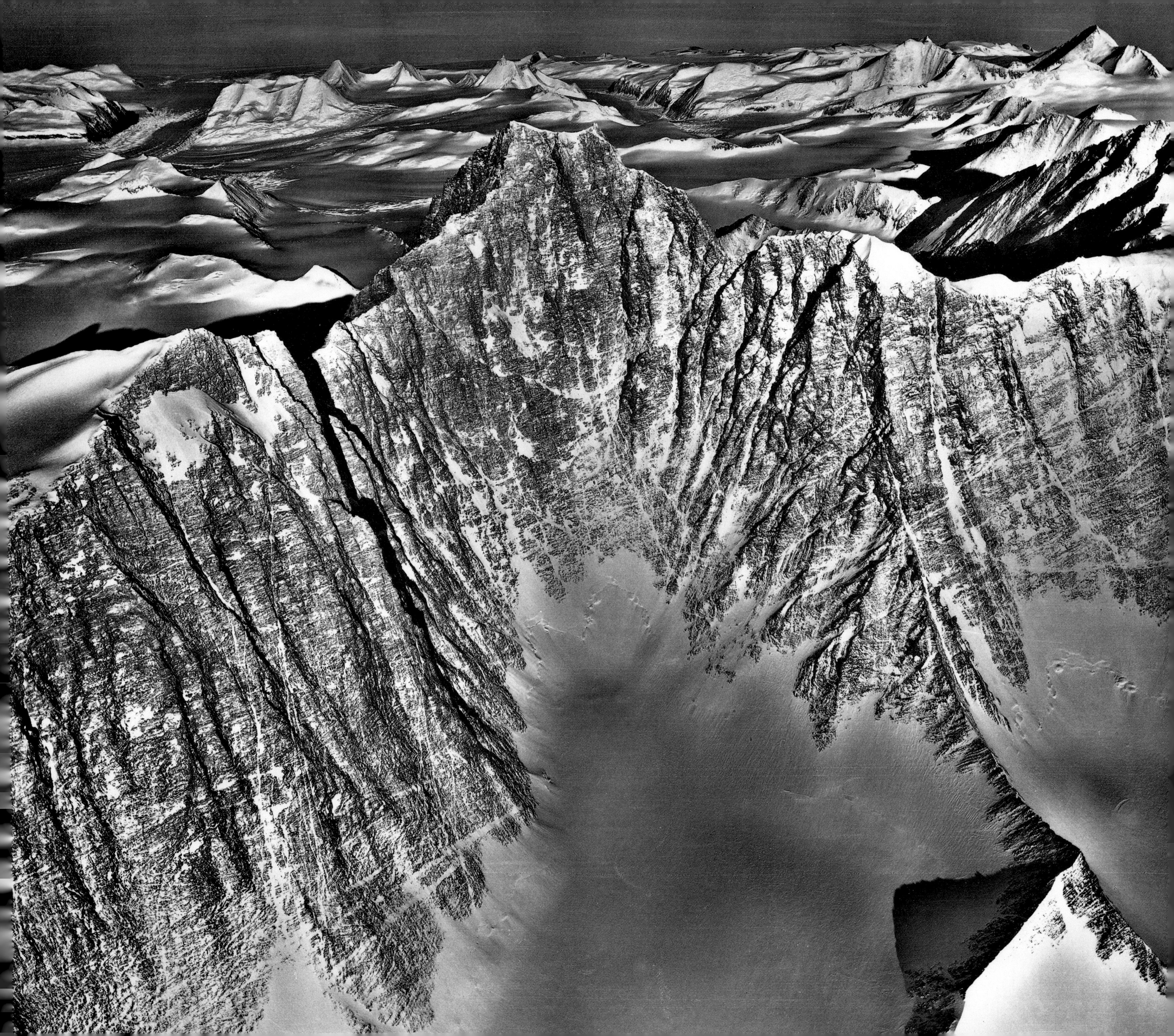

◀ **Siniolchu, 6891 m, Sikkim/Indien**
Der formvollendete Gipfel, eine Pyramide aus Schnee und Fels, steht östlich des gewaltigen Kangchendzönga im Himalaya. 1936 wurde er erstmals bestiegen. Noch 1899 hatte der Engländer Freshfield ausgerufen: »Unersteiglich!« Für meine eigene Generation scheue ich mich nicht, dieses Wort zu gebrauchen. Gäbe es nur mehr unersteigliche Gipfel!

◀ **Siniolchu, 6891 m, Sikkim/Inde**
Cette merveilleuse pyramide de neige et de roche se trouve à l'est de l'imposant Kangchenjunga dans l'Himalaya. Elle fut escaladée pour la première fois en 1936. «Inattaquable!» s'était encore écrié l'Anglais Freshfield en 1899. Un terme que je n'hésite pas à reprendre pour le compte de ma génération. Si seulement il y avait plus de sommets inattaquables!

◀ **Siniolchu, 22,608 ft, Sikkim/India**
This beautifully shaped pyramid of snow and ice rises to the east of the tremendous Kangchenjunga, in the Himalayas. It was first climbed in 1936. The British mountain explorer W.D. Freshfield exclaimed: "Unclimbable!" when he first saw it in 1899. I am not shy of using this word on behalf of my own generation. If only there were more unclimbable peaks!

ihrer Schönheit bewundert, obwohl sie nur ein Dutzend Bergsteiger gesehen hatten. So machte zum Beispiel Vittorio Sella, einer der ersten großen Bergfotografen, den Siniolchu durch ein Schwarzweißbild bekannt. Es sind die Kunst seiner Fotografie und die Linien des Berges, die diesen Gipfel für viele zum »schönsten« der Welt werden ließen. Den »schönsten« Gipfel gibt es trotz allem nicht. Ich will mit diesem Buch meine Auswahl bekannter und gut fotografierter Berge aufzeigen. Ursprünglich sollten es hundert sein; es sind mehr geworden. Es wären viele Tausende, wenn wir in diesem Buch Platz für sie gefunden hätten. Für die Auswahl galten mir folgende Kriterien: Erstens wollte ich Berge von allen Kontinenten vorstellen; dann mußten Bilder von den ausgewählten Gipfeln gefunden werden, was nicht immer einfach war. Gute Farbbilder von Bergen sind selten. Es ist weniger die Farbe, die die moderne Bergfotografie bereichert, als vielmehr die Möglichkeit der Aufnahme. Hat Vittorio Sella mit seiner schweren Plattenkamera noch in wochenlangen Fußmärschen rund um den Kangdchenzönga wandern müssen, um Siniolchu und Jannu fotografieren zu können, werden Berge und Gebirge heute aus dem Flugzeug und von Satelliten aus aufgenommen. Jürgen Winkler, mit dem ich 1970 am Nanga Parbat war und der einer der profiliertesten Bergfotografen ist, hat mir sein Archiv geöffnet. Und er hat Kontakte zu anderen Bergfotografen hergestellt. Ohne ihn wäre dieses Buch nie entstanden.

Am meisten habe ich mich bei der Auswahl von der ästhetischen Ausstrahlung des jeweiligen Gipfels leiten lassen. Ein flacher Höhenrücken kann in der entsprechenden Umgebung ebenso »schön« sein wie ein Berg, der weit über alle anderen hinausweist. Wie Lion Feuchtwanger in »Jud Süß« die Gipfel des Karwendels beschreibt, wird deutlich, daß es der Blickwinkel des Betrachters ist, der den Bergen ihre besondere Ausstrahlung gibt: »Die alten Bäume standen groß und still, kein Hauch ging, kein Blatt rührte sich. Nur undeutlich sah man durch die Bäume die riesigen, weißen Bergwände, die weit und unwiderruflich ringsum das Tal schlossen, und sie waren so hoch, daß man durch die Bäume ihre Gipfel nicht sah. Beklemmend lastete die Luft, der Hain der alten, ernsten, fahlfarbigen Bäume war zwischen den Bergen wie aus

beauté alors qu'une douzaine d'alpinistes seulement les avait vus. C'est ainsi, par exemple, que Vittorio Sella, un des premiers grands photographes de montagne, a fait connaître le Siniolchu par une photo en noir et blanc. C'est la beauté de sa photo et la forme de la montagne qui, pour beaucoup, ont fait de ce sommet «le plus beau» du monde. Malgré tout, le «plus beau» sommet n'existe pas. C'est pourquoi je veux, avec ce livre, présenter mon choix de montagnes connues et bien photographiées. Initialement, il devait y en avoir 100; il y en a plus maintenant. Et il y en aurait eu plusieurs milliers si nous avions pu leur trouver une place dans ce livre. Plusieurs critères ont guidé mon choix: je voulais tout d'abord présenter des montagnes de tous les continents; il fallait ensuite trouver des photos des sommets sélectionnés, ce qui n'était pas toujours facile. De bonnes photos en couleurs de montagnes sont rares. Ce n'est pas tant la couleur qui a enrichi la photographie moderne des montagnes que les possibilités de prise de vues. Alors que Vittorio Sella devait encore, avec son lourd appareil-photo, effectuer des marches de plusieurs semaines autour du Kangchenjunga pour pouvoir photographier le Siniolchu et le Jannu, les photos de montagnes et de massifs sont prises aujourd'hui d'avions ou de satellites. Jürgen Winkler, avec lequel j'étais en 1970 au Nanga Parbat et qui est un des plus grands photographes de montagne, m'a ouvert ses archives. Et il a pris contact avec d'autres photographes de montagne. Sans lui, ce livre n'aurait jamais vu le jour.

Dans mon choix, je me suis surtout laissé guider par l'aura esthétique des différents sommets. Une crête plate peut, dans un environnement donné, être tout aussi «belle» qu'une montagne qui domine de loin toutes les autres. De la façon dont Lion Feuchtwanger décrit dans «Jud Süss» les sommets du Karwendel, il est clair que c'est l'angle sous lequel l'observateur contemple les montagnes qui leur confère un rayonnement particulier: «Les vieux arbres se dressaient, grands et paisibles, il n'y avait aucun souffle, pas une feuille ne bougeait. On n'apercevait qu'indistinctement à travers les arbres les immenses parois blanches de la montagne qui encerclaient irrévocablement la vallée, et elles étaient si hautes que l'on ne pouvait voir leur sommet à travers les arbres. L'air était oppressant, le groupe

been seen by only a dozen mountaineers. Vittorio Sella, for example, one of the first great mountain photographers, made Siniolchu famous with a black-and-white photograph. It is his photography and the shape of the mountain that made this peak the "most beautiful" in the world for many. But, in fact, there is no such thing as the "most beautiful" – or "greatest" – peak. That is why I am presenting in this book my own selection of well-known and well-photographed mountains. It was originally intended that there should be 100 of them; but the number has grown. Indeed, there would be many thousands if we could find room for them all in this book. I based my choice on a number of criteria: firstly, I wanted to include mountains from all the continents; then photographs of all the peaks chosen had to be found, which was not always easy: good colour photographs of mountains are rare. However, it is not so much colour that has enriched modern mountain photography as the fact that the subjects are far easier of access. While Vittorio Sella had to walk for weeks round Kangchenjunga carrying his heavy plate camera in order to photograph Siniolchu and Jannu, mountains and mountain ranges can now be photographed from aircraft and from satellites. Jürgen Winkler, with whom I climbed Nanga Parbat in 1970, and who is one of the most outstanding mountain photographers, placed his photographic library at my disposal, and also contacted other mountain photographers for us. Without him this book could not have been produced.

My choice was mainly influenced by the aesthetic appeal of each individual peak. In the right surroundings, a low ridge can be just as "beautiful", or "great", as a mountain that towers far above all the others in the vicinity. From Lion Feuchtwanger's description of the Karwendel peaks in "Jew Süss" it becomes clear that it is the point of view of the observer that gives mountains their particular appeal: "The old trees stood there tall and quiet, there was not a breath of wind, and no leaf moved. The huge, white sides of the mountains, which enclosed the valley all around with absolute finality, could be seen but indistinctly, and they were so high that their peaks were obscured by the trees. The air was stifling, the grove of old, austere, pale trees seemed to have been transferred by magic

einer südlichen Landschaft hergehext, leibhaft fast lag die tiefe, drückende Stille, das ganze reglose Tal war verzaubert, man stand eingesperrt in ihm wie am Ende der Welt.«
Natürlich sind da auch persönliche Erinnerungen mit im Spiel, wenn wir aktiven Bergsteiger von der »Schönheit« eines Gipfels reden. Diese aber waren für mich kein Hauptkriterium bei der Auswahl. Beim Hinaufsteigen wird die »Schönheit« eines Gipfels oft relativiert. Aus der unmittelbaren Nähe fällt der Berg meist in sich zusammen, der Gipfel verflacht. Das Matterhorn zum Beispiel – aus einer bestimmten Entfernung formvollendet schön – besteht aus übereinandergetürmtem Geröll und schmutzigem Eis. Der französische Bergsteiger Gaston Rebuffat hat es treffend als einen »herrlichen Schutthaufen« beschrieben. Die Erkenntnis, daß eine Großzahl von Gipfeln auf dieser Erde noch nicht bestiegen oder nicht einmal fotografiert worden sind, ist mir erst in den vergangenen Jahren zugewachsen. Viele der »schönsten Gipfel der Welt« kommen in diesem Buch nicht vor – einfach deshalb, weil es keine Bilder von ihnen gibt. Ein nicht »eroberter« Berg hat ein Mehr an Ausstrahlung als ein bestiegener Gipfel, und vielleicht wollen die Tibeter deshalb nicht, daß ihr heiliger Berg Kailas erklettert wird. Für mich gilt jedenfalls: Ein Gipfel, den ich bestiegen habe, verliert an Faszination. In dieses Buch habe ich Berge aufgenommen, die ich bestiegen habe, und solche, auf denen ich nicht gewesen bin. Einige dieser Berge möchte ich unbedingt noch erklettern – auch mit dem Risiko, daß sie dadurch einen Teil ihrer Ausstrahlung für mich verlieren werden. Dabei verändert sich der Berg nicht durch mein Hinaufsteigen – es ändert sich nur mein Verhältnis zu ihm.
Die heiligen Berge sind den Einheimischen nicht etwa nur deshalb »heilig« geworden, weil sie besonders »schön« sind. Sie bergen Geheimnisse: der Kailas in Tibet als »die zentrale Achse der Welt«; der Ayers Rock in Australien als »der Hüter des Nichts«; der Mount Everest, den die Tibeter Chomolungma nennen, als »die Göttin des Windes«. Die Berge – das gilt nicht nur für die nach unseren Kriterien schönen – erlauben es uns Menschen, Maß zu nehmen. Und es ist wohl diese Möglichkeit, die sie mir alle »schön« erscheinen läßt. Der »schönste« Gipfel ist für mich daher immer der, den ich gerade besteigen will.

d'arbres, vieux, sévères et pâles entre les montagnes semblait sorti comme par magie d'un paysage méridional, le silence profond, pesant était presque matériel, la vallée immobile était toute enchantée, on y était enfermé comme au bout du monde.» Evidemment, les souvenirs personnels y sont aussi pour quelque chose lorsque nous autres alpinistes parlons de la «beauté» d'un sommet. Ils n'ont toutefois pas été pour moi un critère essentiel dans mon choix. L'escalade relativise souvent la «beauté» d'un sommet. De près, la montagne s'affaisse, le sommet s'aplatit. Le Cervin par exemple, qui est d'une beauté parfaite à une certaine distance, ne consiste qu'en un amas d'éboulis et de glace sale. L'alpiniste français, Gaston Rebuffat l'a fort bien décrit en disant que c'était «un merveilleux tas de gravats». Ce n'est que ces dernières années que je me suis rendu compte qu'un grand nombre de sommets de cette terre n'avaient pas encore été escaladés ou même pas photographiés. Un grand nombre des «plus beaux sommets du monde» ne figurent pas dans ce livre, tout simplement parce qu'il n'en existe pas de photos. Une montagne qui n'a pas encore été «conquise» a un plus grand attrait qu'un sommet escaladé et c'est peut-être pour cela que les Tibétains ne veulent pas que l'on fasse l'ascension de leur mont sacré, le pic Kailas. En ce qui me concerne, en tout cas, un sommet que j'ai escaladé a perdu de sa fascination. Dans ce livre, j'ai choisi des montagnes dont j'ai fait l'ascension et d'autres où je n'ai pas été. Il y en a que je voudrais à tout prix encore escalader même au risque de les voir perdre pour moi une partie de leur charme. L'escalade ne modifie pas la montagne, elle modifie seulement le rapport que j'ai avec elle.
Les montagnes sacrées ne sont pas «sacrées» pour les habitants de la région uniquement parce qu'elles sont «belles». Mais parce qu'elles recèlent des secrets: le Kailas au Tibet est «l'axe central du monde»; l'Ayers Rock en Australie est «le gardien du néant», le mont Everest, que les Tibétains appellent Chomolungma, est «la déesse du vent». Les montagnes – et pas seulement celles qui sont belles d'après nos critères – nous permettent à nous autres humains de prendre la mesure des choses. Et c'est bien cette possibilité qui me les fait paraître toutes belles. Aussi pour moi le «plus beau» sommet est-il toujours celui que je m'apprête à escalader.

from some southern landscape to this place among the mountains; the profound, oppressive silence was almost palpable, the whole languid valley was bewitched, one stood there immured as if at the end of the world."
Personal memories are also at work, of course, when we active mountaineers speak of the "beauty" of a peak. But these were not a main criterion for my selection. The "beauty" of a mountain often takes on a different aspect when it is being climbed. From close up, a mountain foreshortens, the peak flattens out – the Matterhorn, for example, so perfectly lovely from afar – consists of piles of debris and dirty ice. The French mountaineer Gaston Rebuffat has aptly described it as a "splendid pile of rubble".
It was only in recent years that I came to realize that a large number of the world's peaks have not yet been climbed, or even photographed. Many of the "world's greatest peaks" are not illustrated in this book – simply because there are no pictures of them. A mountain that has not yet been "conquered" has a greater appeal than one that has, and this is perhaps why the Tibetans do not wish their sacred mountain Kailas to be climbed. For myself, at any rate, it is true that a peak loses some of its fascination once I have climbed it. This book includes some peaks that I have climbed and others that I have not. I am still determined to climb some of the latter – even at the risk of their thus losing some of their fascination for me. The fact that I have climbed a mountain naturally does not change it – all that changes is my relationship to it.
The sacred mountains are not 'sacred' to the local inhabitants simply because they are "beautiful". They are the repositories of mysteries: Kailas in Tibet is the "central axis of the world"; Ayers Rock in Australia is the "guardian of the void"; Mount Everest, which the Tibetans call Chomo Lungma, is "Goddess of the Winds". The mountains, and this does not only apply to those we consider beautiful, enable us to gain a sense of proportion. And it is probably this that makes them all appear "beautiful" to me. For me, the "greatest" peak is always the one that I am about to climb.

▲ **Jannu, 7710 m, Ostnepal**
»Die wildeste Hochzinne des gesamten Kangchendzönga-Gebietes« erscheint von allen Seiten unnahbar. Die direkte Durchsteigung der Nordwand ist eine der großen Herausforderungen im Himalaya. Unter der Leitung von Lionel Terray bestiegen 1962 elf Franzosen und Sherpas diesen Gipfel erstmals über die hier abgebildete Südwestflanke.

▲ **Jannu, 7710 m, Est du Népal**
Le Jannu, «le sommet le plus sauvage de toute la région du Kangchenjunga», semble inattaquable de tous les côtés. L'ascension directe de sa face nord est un des grands défis de l'Himalaya. En 1962, sous la direction de Lionel Terray, onze Français et sherpas ont escaladé pour la première fois la face sud-ouest photographiée ici.

▲ **Jannu, 25,295 ft, East Nepal**
Once described as "the wildest high pinnacle in the whole of the Kangchenjunga region", Jannu seems unapproachable from all sides. The North Face Direct is one of the great challenges in the Himalayas. In 1962, eleven Frenchmen and Sherpas, led by Lionel Terray, reached this peak for the first time via the south-west flank shown here.

Europa
Europe
Europe

◂◂ Walliser Alpen, Europa
Blick über die Walliser Alpen auf den Montblanc (Bildmitte). Im Dunst sind Peuterey-Grat und Brenva-Flanke (Südostwand) deutlich zu erkennen. Der Montblanc symbolisiert ein Stück Urlandschaft. Wenn ich mich gegen jede weitere touristische Erschließung an diesem Berg einsetze, dann deshalb, weil es um die Qualität der Erlebnisse geht und nicht um die Quantität von Touristen, die auf den Berg »geschaufelt« werden.

◂◂ Les Alpes valaisannes, Europe
Vue au-delà des Alpes valaisannes sur le Mont Blanc (au centre de la photo). L'arête du Peuterey et le versant du Brenva (face sud-est) se distinguent nettement dans la brume. Le Mont Blanc est un symbole de nature primitive et si je m'élève contre toute nouvelle exploitation de cette montagne, c'est parce que je tiens à la qualité de l'aventure et non pas à la quantité de touristes qui peuvent être «véhiculés» sur cette montagne.

◂◂ Valaisan Alps, Europe
View across the Valaisan Alps of Mont Blanc (centre of picture). Peuterey Ridge and the Brenva flank (South-East Face) are clearly visible despite the haze. Mont Blanc symbolizes a primeval region, and if I speak out against the further exploitation of this mountain, it is because I am concerned with the quality of the experience to be gained from it, and not the quantity of tourists that can be conveyed onto it.

◀▲ **Ätna, ca. 3350 m, Sizilien, Italien**
Dieser Vulkan ist ein immenser Lavakegel nahe der Meerenge von Messina. Er dürfte um 100 n.Chr., zur Zeit Kaiser Hadrians, erstmals bestiegen worden sein. Erste Besteigungsversuche soll es allerdings bereits um 440 v.Chr. gegeben haben. Der Ätna ist ein aktiver Vulkan und wächst periodisch. Er ist ein lebendiges Beispiel dafür, wie Berge entstehen können.

◀▲ **Etna, env. 3350 m, Sicile, Italie**
Cet immense cône de lave près du détroit de Messine a dû être escaladé pour la première fois vers l'an 100 ap. J.-C. à l'époque de l'empereur Hadrien mais on aurait déjà essayé d'y grimper vers 440 av. J.-C. L'Etna est un volcan en activité et croît périodiquement. C'est un exemple vivant d'une des façons dont naissent les montagnes.

◀▲ **Etna, ca. 10,990 ft, Sicily, Italy**
An immense cone of lava near the Strait of Messina. It was probably first climbed in about 100 A.D. during the time of Emperor Hadrian, although it is believed that first attempts were made as early as 440 B.C. Etna is an active volcano, and periodically grows – a living example of one of the ways in which mountains can be formed.

◂ **Montblanc, 4807 m, Frankreich/Italien**
Der höchste Berg der Alpen und Europas liegt auf der Grenze – sie verläuft südlich des Hauptgipfels – zwischen Italien und Frankreich. Bereits im Sommer 1786 gelang die erste Besteigung über die Nordseite, nachdem der Genfer Wissenschaftler Horace Bénédict de Saussure einen Geldpreis ausgesetzt hatte. Der Montblanc ist ein gewaltiges Bergmassiv mit ungezählten bergsteigerischen Möglichkeiten. Die Nordseite (hier im Bild) ist im Frühsommer ein beliebtes Skitourengebiet.

◂ **Mont Blanc, 4807 m, France/Italie**
La plus haute montagne des Alpes et d'Europe. Elle est située à la frontière entre l'Italie et la France qui passe au sud de son sommet principal. La première ascension par la face nord a eu lieu dès l'été 1786 après que le savant genevois, Horace Bénédict de Saussure eut offert un prix pour cet exploit. Le Mont Blanc est un imposant massif qui offre d'innombrables possibilités d'escalades. La face nord (sur notre photo) est au début de l'été une région de ski très fréquentée.

◂ **Mont Blanc, 15,771 ft, France/Italy**
The highest mountain in the Alps and in Europe. It lies on the border between Italy and France, the line of demarcation running to the south of the summit. The first ascent – via the North Face – was already achieved in the summer of 1786, after the Swiss scientist Horace Bénédict de Saussure had offered a prize for it.
Mont Blanc is a tremendous massif which offers a wide variety of climbing. The North side (seen here) is a popular skiing area in early summer.

▸ Grandes Jorasses, 4208 m, Italien/Frankreich
Der siebengipfelige französisch-italienische Grenzberg hat im Pointe Walker, von dem im Norden der berühmte »Walkerpfeiler« abbricht, die höchste Erhebung (links im Bild). Die erste Besteigung glückte 1868. 1935 wurde die mehr als 1000 Meter hohe Nordwand (Crozpfeiler) bezwungen und damit eines der »letzten Wandprobleme« der Alpen gelöst. 1938 wurde mit dem »Walkerpfeiler« eine Route eröffnet, die wiederholt als der »schönste Kletterweg der Alpen« beschrieben worden ist.

▸ Grandes Jorasses, 4208 m, Italie/France
Ce massif frontalier a sept sommets et culmine à la Pointe Walker (à gauche sur la photo) dont part au nord le célèbre éperon Walker. La première ascension eut lieu en 1868. En 1935, la face nord de plus de 1000 mètres de hauteur (éperon Croz) fut conquise, ce qui résolut le «dernier problème alpin». En 1938, une route fut ouverte par l'éperon nord de la pointe Walker qualifiée souvent de la «plus belle voie d'escalade des Alpes».

▸ Grandes Jorasses, 13,806 ft, Italy/France
This border mountain has seven summits, the highest being Point Walker (seen here), from which the famous Walker Spur extends. The first ascent was in 1868. In 1935 the nearly 3,300 ft North Face (Croz Spur) was climbed, and with it one of the "last Face problems" of the Alps solved. In 1938 the Walker Spur route was made; it has frequently been called "the finest climbing route in the Alps".

◀▶ **Aiguille du Dru, 3754 m, Frankreich**
Am Rande der Montblanc-Gruppe, der Aiguille Verte westlich vorgelagert, erhebt sich die Aiguille du Dru als schroff aufsteigender Granitobelisk. Von ferne als Einheit erscheinend, besteht sie aus zwei Gipfeln. Berühmt geworden ist die Westwand des kleinen Dru (Petit Dru, 3733 m), die 1952 nach zwei Anläufen und komplizierten Seilmanövern erstmals durchstiegen werden konnte. Bereits 1878 war der Gipfel des Grand Dru und ein Jahr später der des Petit Dru erreicht worden. Heute zählt man allein am kleinen Dru mehr als ein Dutzend verschiedener Aufstiegsrouten.

◀▶ **Aiguille du Dru, 3754 m, France**
Cette montagne située en bordure du massif du Mont Blanc, à l'ouest de l'aiguille Verte, se dresse comme un obélisque de granit aux pentes abruptes. Elle est composée de deux sommets mais semble de loin taillée d'un seul bloc. La face ouest du Petit Dru (3733 m) qui, après deux tentatives, a pu être gravie pour la première fois en 1952 à l'aide de manœuvres d'encordement compliquées, est devenue célèbre. Le sommet du Grand Dru avait été conquis dès 1878 et celui du Petit Dru un an plus tard. Aujourd'hui, on compte rien qu'au Petit Dru plus d'une douzaine d'itinéraires d'escalade différents.

◀▶ **Aiguille du Dru, 12,316 ft, France**
Situated on the fringe of the Mont Blanc Group, to the west of the Aiguille Verte, it forms a steep-sided granite obelisk. Although it looks like a monolith from a distance, it actually consists of two summits. The West Face of Petit Dru (12,247 ft), which, after two attempts, was finally climbed in 1952 with the aid of complicated roping manœuvres, has become famous. The summit of Grand Dru was attained as early as 1878, and that of Petit Dru a year later. Now the Petit Dru alone offers more than a dozen different routes.

◂ Montblanc de Cheilon, 3869 m, Schweiz
Versteckt gelegen und auch nicht besonders hoch, ist er dennoch einer der kühnsten Berge der Walliser Alpen. Er ragt als steile, eisige Felspyramide empor und wird von zwei mit mächtigen Eisdächern besetzten Felshängen flankiert. Die erste Besteigung gelang 1865. Auch die jäh ansteigende Nordwand (im Bild) ist erklettert. Die Überschreitung des Montblanc de Cheilon – Ostgrat im Aufstieg, Westgrat im Abstieg – gehört zu den klassischen Bergtouren in den Alpen.

◂ Mont Blanc de Cheilon, 3869 m, Suisse
Cachée et pas particulièrement haute, c'est néanmoins l'une des montagnes les plus impressionnantes des Alpes valaisannes. Elle se dresse comme une pyramide de roche glacée et abrupte et est flanquée de deux versants rocheux coiffés de deux imposants toits de glace. La première ascension eut lieu en 1865. La face nord très abrupte (sur la photo) a également été gravie. L'escalade du Mont Blanc de Cheilon – ascension par l'arête est, descente par l'arête ouest – fait partie des escalades alpines classiques.

◂ Mont Blanc de Cheilon, 12,694 ft, Switzerland
Hidden away, and not particularly high, this is nevertheless one of the most spectacular mountains in the Valaisan Alps. It rises as a steep pyramid of icy rock, and is flanked by two rocky slopes with mighty ice roofs. The first ascent was in 1865. The dramatically steep North Face (seen here) has also been climbed.
The traverse of Mont Blanc de Cheilon – up via the East Ridge, down via the West Ridge – is one of the classical Alpine tours.

Hoch wie die Sterne

»Es wurde dunkler, wir kamen dem Tale Chamonix näher und endlich darein. Nur die grossen Massen waren uns sichtbar. Die Sterne gingen nacheinander auf, und wir bemerkten über den Gipfeln der Berge, rechts von uns, ein Licht, das wir nicht erklären konnten. Hell, ohne Glanz wie die Milchstrasse, doch dichter, fast wie die Plejaden, nur grösser, unterhielt es lange unsere Aufmerksamkeit, bis es endlich, da wir unseren Standpunkt änderten, wie eine Pyramide, von einem inneren geheimnisvollen Lichte durchzogen, das dem Schein des Johanniswurms am besten verglichen werden kann, über den Gipfeln aller Berge hervorragte und uns gewiss machte, daß es der Gipfel des Montblanc war.
Es war die Schönheit dieses Anblickes ganz außerordentlich: denn, da er mit den Sternen, die um ihn herumstanden, zwar nicht in gleich raschem Licht, doch in einer breiten zusammenhängenden Masse leuchtete, so schien er den Augen zu einer höheren Sphäre zu gehören, und man hatte Müh', in Gedanken seine Wurzeln wieder an die Erde zu befestigen. Vor ihm sahen wir eine Reihe von Schneebergen dämmern, auf dem Rücken von schwarzen Fichtenbergen liegen und ungeheure Gletscher zwischen den schwarzen Wäldern herunter ins Tal steigen.«
Wie Johann Wolfgang von Goethe im November 1779 in Chamonix seine Eindrücke über den Montblanc beschreibt, wird deutlich, wie majestätisch und unerreichbar die Berggipfel damals auf die Menschen gewirkt haben. Der Montblanc war damals noch unbestiegen, die Gipfel von Grandes Jorasses und Dru so »unmöglich«, daß niemand ein Hinaufklettern zu erwägen wagte. Viele Gipfel der Alpen, so auch der Montblanc de Cheilon, waren unbekannt, für Forscher und Geographen also nicht existent. Vielfach wußten nur die einheimischen Bauern, die sich auf den Almen und bei der Jagd den Bergen furchtsam näherten, von diesen verschiedenartigen, unnahbaren Berggipfeln zu erzählen.

Aussi haut que les étoiles

«Il commençait à faire plus sombre, nous approchions de la vallée de Chamonix que nous finîmes par atteindre. Nous ne distinguions que les grandes masses des montagnes. Les étoiles s'allumaient les unes après les autres et nous remarquâmes au-dessus des sommets de la montagne, à notre droite, une lumière que nous ne pouvions nous expliquer. Claire, sans brillance comme la Voie lactée, pourtant plus dense, presque comme les Pléiades, plus grande seulement, elle retint longtemps notre attention jusqu'à ce qu'enfin, car nous changions de place, elle s'élève au-dessus des sommets de toutes les montagnes telle une pyramide traversée par une mystérieuse lumière intérieure, que l'on peut le mieux comparer avec la lumière du ver luisant, nous donnant la certitude que c'était le sommet du mont Blanc.
Ce spectacle était d'une beauté tout à fait extraordinaire: car, comme le sommet brillait avec les étoiles qui l'entouraient, non pas certes de la même lumière vive mais pourtant dans une large masse homogène, il paraissait appartenir à une sphère plus élevée et il nous était difficile de nous l'imaginer rattaché à la terre.
La façon dont Johann Wolfgang von Goethe décrit au mois de novembre 1779 à Chamonix ses impressions sur le mont Blanc montre combien les sommets des montagnes paraissaient autrefois majestueux, inaccessibles aux hommes. A l'époque, le mont Blanc n'avait pas encore été escaladé, les sommets des Grandes Jorasses et du Dru étaient si imposants que personne n'osait imaginer leur ascension. De nombreux sommets des Alpes, comme le Mont Blanc de Cheilon également, étaient inconnus, inexistants donc pour les explorateurs et les géographes. Souvent, seuls les paysans de la région, qui s'approchaient avec crainte des montagnes dans les pâturages d'altitude ou en allant à la chasse, pouvaient décrire ces sommets de montagnes si divers et inaccessibles.

As high as the stars

"It became darker; we approached the Chamonix valley, and finally entered it. We could see only the huge indistinct shapes of the mountains. The stars appeared one by one, and above the mountain peaks to our right we saw a light which we could not explain. Bright, but, like the Milky Way, not brilliant, yet more intense, almost like the Pleiades, only larger, it kept our attention for a long time until at last, as we changed our position, it rose above the peaks of all the mountains like a pyramid mysteriously illuminated from within by a light that can best be compared to that of the glow-worm, and we realized that it was the peak of Mont Blanc.
The beauty of this view was quite extraordinary: because, as it was luminous like the stars around it – not with the same quick light, but as a broad continuous mass – it seemed to our eyes as if it belonged to a higher sphere, and it was difficult to anchor it to the earth again in our thoughts. In front of it we saw a series of snowy mountains in the gloaming, resting on the backs of black fir-covered mountains, and tremendous glaciers reaching down to the valley between the black woods."
The way in which Goethe describes his impressions of Mont Blanc in Chamonix in November 1779 makes it clear how majestic and inaccessible the mountain peaks appeared to people at that time. Mont Blanc had not yet been climbed, and the Grandes Jorasses and Dru peaks were so imposing that nobody even considered the possibility of climbing them. Many of the Alpine peaks, including Mont Blanc de Cheilon, were as yet unknown, and thus non-existent for explorer and geographer. Often the only descriptions to be had of these various and remote mountain peaks came from the local farmers who cautiously ventured into the mountains when working the alpine pastures or when out in search of game.

◀▼ **Matterhorn, 4477 m, Schweiz/Italien**
E. Whymper, ein Mitglied der Erstbesteigergruppe von 1865, sagte über »seinen« Berg: »Das Matterhorn bleibt immer gleich imposant, von welcher Seite man es auch betrachtet. Gewöhnlich sieht es niemals aus, und in dieser Beziehung, wie auch hinsichtlich des Eindrucks, den es auf den Beschauer macht, steht es unter den Bergen fast allein da. Es hat in den Alpen keinen und in der Welt wenig Nebenbuhler.«

◀▲ **Cervin, 4477 m, Suisse/Italie**
C'est un des sommets les plus célèbres du monde. E. Whymper, qui fit partie du groupe de la première ascension en 1865, disait de «sa» montagne: «De quelque côté qu'on le contemple, le Cervin demeure imposant. Il ne paraît jamais commun et à cet égard comme en ce qui concerne l'effet qu'il produit sur l'observateur, il est presque unique parmi les montagnes. Il n'a aucun rival dans les Alpes et peu dans le monde.»

◀▲ **Matterhorn, 14,690 ft, Switzerland/Italy**
One of the world's most famous mountains. E. Whymper, one of the members of the group to achieve the first ascent, said about "his" mountain that it was always equally imposing, no matter from which side it was viewed. It never looked ordinary, and in this respect, and with regard to the impression it made on the observer, was almost unique among mountains. It has, he maintained, no rival in the Alps, and few in the world.

▲ **Dent Blanche, 4356 m, Schweiz**
Im Kanton Wallis, in den Walliser Alpen, steht die Dent-Blanche-Gruppe, benannt nach dem formschönen Gipfel der Dent Blanche. 1862 gelang die Erstbesteigung. Noch immer gilt dieser Viertausender als klassischer Alpengipfel. Besonders schwierig an ihm ist die Nordostwand.

▲ **Dent Blanche, 4356 m, Suisse**
Ce merveilleux sommet a donné son nom au groupe de la Dent Blanche dans le canton du Valais. Sa première ascension date de 1862. Aujourd'hui encore, ce quatre mille est considéré comme un sommet alpin classique. Sa face nord-est est particulièrement difficile.

▲ **Dent Blanche, 14,291 ft, Switzerland**
This beautiful peak has given its name to the Dent Blanche group in Canton Valais. First climbed in 1862, it is still considered a classical Alpine summit. Its North-East Face is particularly difficult.

Die Alpen als inneres Erlebnis

Wie die Alpen auf den Menschen wirkten, ehe sie »erobert« und »erschlossen« wurden, ist schwer nachzuvollziehen. Lesen wir Jean-Jacques Rousseau, so sind wir geneigt anzunehmen, daß große, wilde Berge den Geist öffnen können:
»Ich weiß nicht, wie ich mich ausdrücken soll, aber es macht auf mich den Eindruck, als ob die Gedanken einen Anflug von Größe und Erhabenheit annähmen, mit den Gegenständen, über die unser Blick schweift, in Einklang stünden, als ob sie eine gewisse ruhige Freude atmen, die sich von jeder Leidenschaft und allem Sinnlichen frei zu erhalten weiß. Es scheint, als ob man, sobald man sich über Wohnstätten der Sterblichen erhebt, alle niedrigen irdischen Gefühle zurückläßt und als ob die Seele, je mehr man sich den ätherischen Regionen nähert, etwas von deren sich stets gleichbleibender Reinheit annimmt. Es bemächtigt sich unserer eine ernste Stimmung, ohne daß sie in Wehmut ausartet; ein Gefühl des Friedens, das jedoch von jeder weichlichen Schlaffheit frei ist, überkommt uns, wir sind unseres Daseins froh, froh zu denken und zu fühlen.
Die Heftigkeit der Begierden nimmt ab; sie verlieren den scharfen Stachel, der sie so schmerzhaft macht, und lassen im Herzen nur eine leichte und angenehme Erregung zurück. Auf diese Weise macht ein glückliches Klima die Leidenschaften, die dem Menschen sonst zur Pein gereichen, zu Schöpfern seiner Glückseligkeit.«
Die Berge und Gipfel haben – soweit sie nicht verbaut worden sind – nach zweihundert Jahren modernem Alpinismus immer noch dieses Ausweisende und gleichzeitig Erhebende an sich, das die Pioniere mit Furcht und Hochgefühl erfüllte. Diese vordergründig »nutzlose« Welt über den Tälern hilft den Menschen, sich und den Kosmos naiv zu begreifen. In der Spannung zwischen Vertrautheit und Furcht wachsen Bilder der Erkenntnis in uns.

Les Alpes en tant qu'expérience intérieure

Il est difficile de dire l'effet qu'ont eu les Alpes sur les hommes avant leur «conquête» et leur «mise en valeur». A lire Jean-Jacques Rousseau, on est enclin à penser que les grandes montagnes sauvages sont propres à élever l'esprit. Le philosophe avait en effet l'impression que les pensées s'imprégnent de grandeur et de noblesse, qu'elles sont en harmonie avec les objets que l'on contemple, comme si elles respiraient une certaine joie tranquille, dépourvue de toute passion et de toute sensualité. Il lui semblait que dès que l'on s'élève au-dessus des habitations des mortels, on abandonne tous les sentiments mondains, comme si l'âme à mesure qu'elle se rapproche des régions éthérées s'imprégnait de leur pureté immuable. Il ressentait un sentiment qui n'avait rien de mélancolique, un sentiment de paix exempt de toute langueur, qui fait se sentir heureux d'exister, de penser et de sentir. Pour le philosophe, les désirs perdent alors de leur ardeur, ils sont débarrassés de cet aiguillon qui les rend si douloureux et ne laissent plus au cœur qu'une excitation légère et agréable. Aussi, pensait-il qu'un climat bénéfique fait des passions, qui d'ordinaire tourmentent l'homme, une source de félicité.
Après 200 ans d'alpinisme moderne, les montagnes et les sommets – dans la mesure où on ne les a pas exploités inconsidérément – ont gardé cette majesté empreinte de gravité qui emplissait les pionniers de crainte et d'exaltation. Ce monde «inutile» au-dessus des vallées permet aux hommes d'avoir une compréhension naïve d'eux-mêmes et du cosmos. Une compréhension qui naît de la tension entre ce qui nous est familier et ce que nous redoutons.

The Alps as a subjective experience

It is hard to grasp what effect the Alps had on people before they had been "conquered" and "opened-up". Reading Jean-Jacques Rousseau, we have the feeling that great, wild mountains can enlighten the spirit:
"I do not know how to express it, but I have the impression that one's thoughts take on a degree of Greatness and Nobility, are at one with the objects at which we gaze; it is as if they were charged with a certain tranquil joy, free of all passion and all sensuality. It seems, as soon as one rises above the level of mortal dwellings, as if all mundane feelings were left behind, and, as one approaches the ethereal regions more closely, as if the soul took on something of their immutable purity. We are possessed by a solemn feeling which does not descend into melancholy; a feeling of peace free of all feebleness overcomes us, and we are glad to be alive, glad to be able to think and feel.
Desires lose their urgency, lose the sharp sting that makes them so painful, and all that remains in the heart is a slight and tingling excitement. In this way, a felicitous climate transforms into instruments of bliss the passions which otherwise bring men pain."
After two hundred years of modern Alpinism the mountains and peaks – insofar as they have not been "developed" – still possess this formidable and at the same time ennobling quality which filled the pioneers with awe and exaltation. This "useless" world above the valleys helps people to attain a degree of naive understanding of themselves and the cosmos. The tension between familiarity and awe sharpens our perception.

◀ **Monte Rosa, 4634 m, Italien/Schweiz**
Die mehrgipfelige, stark vergletscherte Gebirgsgruppe in den Walliser Alpen besticht durch die Vielfalt ihrer Gipfel und Gletscher. Der Hauptgipfel ist die Dufourspitze (im Bild der breite Felsgipfel; wirkt hier niedriger als das Nordend, das mit 4609 m angegeben wird). Der Monte Rosa ist der zweithöchste Gipfel der Alpen und einer der meistbestiegenen Viertausender. Die erste Besteigung gelang 1855 über den Westgrat.

◀ **Mont-Rose, 4634 m, Italie/Suisse**
Ce groupe de montagnes dans les Alpes valaisannes frappe par la multiplicité de ses sommets et de ses glaciers. Son principal sommet est la Pointe Dufour (le large sommet rocheux sur notre photo qui paraît moins haut que le Nordend avec ses 4609 m). Le Mont-Rose est le deuxième sommet le plus élevé des Alpes et un des quatre mille les plus souvent escaladés. Il fut vaincu pour la première fois en 1855 par son arête ouest.

◀ **Monte Rosa, 15,203 ft, Italy/Switzerland**
A complex, heavily glaciated massif in the Valaisan Alps, with an impressive variety of peaks and glaciers. The main summit is the Dufourspitze (the broad rocky peak in our picture, which here seems lower than the Nordend, which is rated at 15,121 ft). Monte Rosa is the second highest summit in the Alps, and is one of the most popular climbs in the 4,000 m range. The first ascent took place via the West Ridge in 1855.

Bekannte und unbekannte Gipfel

Als Christoph Meiners 1785 das Bergmassiv der Jungfrau sah, schrieb er: »Einen erhabeneren und zugleich schöneren Berg als die Jungfrau ist, gibt es, glaube ich, auf der ganzen Erde nicht.« In diesem Buch haben wir nicht Platz für ihn. Der Fotograf hat hier den dritten Gipfel im berühmten Dreigestirn Eiger – Mönch – Jungfrau »abgeschnitten«. Vielleicht sehen wir die Berge heute anders. Nachdem der Eiger über die Nordwand erklettert worden ist und eine Kombination einer Solobegehung von Mönch und Eiger-Nordwand zum Programm der Extrembergsteiger gehört, erscheint uns auch die Betrachtung von James Fenimore Cooper um 1830 sentimental: »Beiläufig werde hier bemerkt, daß der hochverdiente Name der ›Jungfrau‹ Gefahr läuft verlorenzugehen; denn mehr als jemals scheint man jetzt zu beabsichtigen, den kalten und bisher unerreichten Gipfel derselben zu ersteigen. Mehrere Gesellschaften engländischer Naturliebhaber versuchten das Hinaufklimmen, doch tun sie nicht viel mehr, als dahin zu folgen, wohin die Führer sie leiten; hinterher geben sie dann kostbare Bücher heraus.«
In den Alpen gibt es indes keine »jungfräulichen« Gipfel mehr. Um so mehr Bücher über Berge sind erschienen. Am Ende der Welt aber – im Osten von Tibet, im Westen von Nepal, in Feuerland und in der Antarktis stehen unerschlossene Gipfel. Sie sind nicht »jungfräulich«, weil unbesteigbar, nein, kein Gipfel, und sei er noch so schwierig, ist heute unerreichbar – sie sind »jungfräulich«, weil unbekannt, weil nicht vermessen, nicht fotografiert, für die Bergsteiger nicht existent.

Sommets connus et inconnus

En voyant, en 1785, le massif montagneux de la Jungfrau, Christoph Meiners écrivit: «Je ne crois pas qu'il existe au monde une montagne à la fois plus grandiose et plus belle que la Jungfrau.» Dans ce livre, nous n'avons pas eu de place pour elle. Le photographe a «tronqué» ici le troisième sommet du célèbre trio – l'Eiger, le Mönch et la Jungfrau. Peut-être voyons-nous aujourd'hui les montagnes autrement. Depuis que l'Eiger a été escaladé par sa face nord et qu'une combinaison de l'ascension en solitaire du Mönch et de celle de la face nord de l'Eiger est inscrite au programme des grands alpinistes, l'observation faite par James Fenimore Cooper vers 1830 nous paraît également sentimentale: «Soit dit en passant, le nom hautement mérité de ‹Jungfrau› (en allemand, Jungfrau signifie vierge) risque d'être perdu; car plus que jamais il semble que l'on envisage d'escalader son froid sommet qui n'a encore jamais été atteint. Plusieurs sociétés d'Anglais amoureux de la nature ont essayé d'y grimper, toutefois elles n'ont guère fait plus que d'aller où les guides les ont menées pour publier ensuite de coûteux livres.» Il n'existe plus de sommets «vierges» dans les Alpes. Mais il y a d'autant plus de livres qui ont été publiés sur les montagnes. Au bout du monde cependant – dans l'est du Tibet, dans l'ouest du Népal, en Terre de Feu et dans l'Antarctique, il y a des sommets inexplorés. Ils ne sont pas «vierges» parce qu'on ne peut les escalader, aucun sommet est aujourd'hui inaccessible – ils sont «vierges» parce qu'ils sont inconnus, qu'ils n'ont pas été mesurés, pas photographiés, parce qu'ils sont inexistants pour les alpinistes.

Known and unknown peaks

When Christoph Meiners saw the Jungfrau massif in 1785, he wrote: "I believe that in the whole world there is no more noble and at the same time more beautiful a mountain than the Jungfrau." And yet: there is no room for it in this book. Our photographer has "cut out" the third peak in the famous trio Eiger – Mönch – Jungfrau. Perhaps we look at the mountains in a different way today. Now that the Eiger North Face has been climbed, and a combination of a solo climb of Mönch and the Eiger North Face is becoming a "must" for the toughest climbers, James Fenimore Cooper's ideas, expressed in about 1830, seem sentimental. He suggested that the truly apt name of Jungfrau (the German word for 'virgin') was in danger of being lost, as there was an increasing determination to climb its cold and hitherto unconquered peak. Several parties of English nature-lovers had attempted the climb, but, according to Cooper, did little more than follow wherever their guides led them, only to publish books on their adventures once they were safely down again.
Now the Alps possess no "virgin" peaks at all any more – but, to make up for that, all the more books are available. There are, however, unexplored mountains in the far corners of the earth: in the east of Tibet, the west of Nepal, in Tierra del Fuego, and in the Antarctic. They are not "virgin" because they cannot be climbed, for no peak, be it never so difficult, is unscalable today: they are "virgin" because they are still unknown, because they have not been surveyed, not photographed; for the mountaineer they are simply non-existent.

▸ **Eiger, 3970 m, Schweiz**
Dieser gefürchtete Berg (links im Bild) steht in den Berner Alpen und wurde wegen seiner 1800 Meter hohen Nordwand, dem »letzten Problem der Alpen«, weltberühmt.
▸ **Mönch, 4099 m, Schweiz**
Zusammen mit Eiger und Jungfrau zählt der Mönch (im Bild rechts) zum berühmten »Dreigestirn« der Alpen.

▸ **Eiger, 3970 m, Suisse**
L'Eiger (à gauche sur la photo) est situé dans les Alpes bernoises et est devenu mondialement célèbre par sa face nord haute de 1800 m, le «dernier problème alpin».
▸ **Mönch, 4099 m, Suisse**
Avec l'Eiger et la Jungfrau, le Mönch (à droite sur la photo) fait partie des «trois étoiles» célèbres des Alpes.

▸ **Eiger, 13,025 ft, Switzerland**
The Eiger in the Bernese Alps, seen here on the left, is world famous for its 5,900 ft North Face (Eigerwand), the "last problem in the Alps".
▸ **Mönch, 13,448 ft, Switzerland**
Seen here on the right. Mönch is one of the famous "three stars" of the Alps, the others being Eiger and Jungfrau.

◄ **Finsteraarhorn, 4274 m, Schweiz**
Einer der schönsten Gipfel der Berner Alpen ist zweifellos das Finsteraarhorn. Umgeben von Gletschern – Walliser Fiescherfirn, Finsteraarhorngletscher, Studerfirn – ragt dieser Viertausender an der Grenze zwischen dem Kanton Bern und dem Kanton Wallis auf. Ob die Erstbesteigung bereits 1812 oder erst 1829 glückte, ist umstritten.

▼ **Schreckhorn, 4078 m, Schweiz**
Der klassische Viertausender ähnelt nur vordergründig betrachtet dem Finsteraarhorn. Der Hauptgipfel der Schreckhorn-Gruppe in den Berner Alpen wurde 1861 erstmals bestiegen.

◄ **Finsteraarhorn, 4274 m, Suisse**
C'est incontestablement l'un des plus beaux sommets des Alpes bernoises. Entouré de glaciers – Walliser Fiescherfirn, Finsteraarhorngletscher, Studerfirn –, il s'élève à la frontière entre le canton de Berne et le canton du Valais. La question de savoir s'il a été conquis dès 1812 ou seulement en 1829 est controversée.

▼ **Schreckhorn, 4078 m, Suisse**
Un 4000 classique. Le Finsteraarhorn et le Schreckhorn n'ont qu'une ressemblance apparente. Le principal sommet du groupe du Schreckhorn dans les Alpes bernoises a été gravi pour la première fois en 1861.

◄ **Finsteraarhorn, 14,022 ft, Switzerland**
Undoubtedly one of the most beautiful peaks in the Bernese Alps. Surrounded by glaciers – Walliser Fiescherfirn, Finsteraarhorngletscher, and Studerfirn – this great peak rises on the border between Canton Bern and Canton Valais. There is disagreement on whether it was first climbed in 1812 or 1829.

▼ **Schreckhorn, 13,379 ft, Switzerland**
A classical 4,000 m mountain. Schreckhorn and Finsteraarhorn are only superficially similar. The main peak of the Schreckhorn Group in the Bernese Alps was first scaled in 1861.

▲ Churfirsten, 2306 m, Schweiz
Diese Bergkette (von links nach rechts: Leistchamm, Selun, Frümsel, Brisi, Zuestollen, Schibenstoll, Hinterrugg und Chäserrugg, der auf dem Bild nicht mehr sichtbar ist) liegt in den Glarner Alpen zwischen Walensee und Toggenburg. Das Kalkgestein der Churfirsten eignet sich gut zum Bergsteigen, und besonders die Südwände bieten heute einige Dutzend schwerer und schwerster Kletterwege. Die Schönheit liegt hier im Nebeneinander von Wänden, Formen, Herausforderungen und der Möglichkeit, das ganze Jahr über zu klettern.

▲ Churfirsten, 2306 m, Suisse
Les sommets de la chaîne des Churfirsten (de gauche à droite: Leistchamm, Selun, Frümsel, Brisi, Zuestollen, Schibenstoll, Hinterrugg et Chäserrugg, que l'on ne voit plus sur la photo) se trouvent dans les Alpes glaronnaises entre le Walensee et Toggenburg. Ce sont des Alpes calcaires tout à fait indiquées pour l'escalade; leurs flancs sud, en particulier, offrent aujourd'hui quelques douzaines d'itinéraires d'escalade. Leur beauté réside dans la diversité de leurs parois, de leurs formes, de leurs défis et la possibilité qu'elles offrent d'être escaladées toute l'année.

▲ Churfirsten, 7,566 ft, Switzerland
The Churfirsten peaks (from left to right: Leistchamm, Selun, Frümsel, Brisi, Zuestollen, Schibenstoll, Hinterrugg, and – not visible on this picture – Chäserrugg, are in the Glarus Alps, between Lake Walenstadt and Toggenburg. These are limestone Alps, and offer excellent climbing; the south faces, in particular, provide several dozen climbs in the severe to most severe category. They are "great mountains" in that they present such a variety of faces, forms, and challenges, and the opportunity to climb throughout the year.

Zwei Wege zur Erkenntnis

Milarepa, der große »verrückte« Denker Tibets, hat nicht auf den Chomolungma (Mount Everest) klettern müssen, um sich zu erfahren. Er hat jahrelang an seinem Fuß meditiert. Abenteuer nach innen. Für Menschen, die im Osten aufgewachsen sind, in Asien, für Menschen also, die zur Meditation, zum Leerwerden offen sind, ist dies ein Weg. Ich bin nur teilweise dazu fähig. Leider. Ich bin ein westlicher Tatmensch, ein goethischer Mensch also. Mit dessen Aussage »Am Anfang war die Tat« kann ich mich identifizieren. Ich erfahre durch die Tat. Wenn ich nichts tue, wenn ich nicht gehe, nicht greife, nicht gestalte, bin ich weniger. Ich brauche die Tat. Die Idee, das Kreieren einer Idee – sie sind für mich wichtig. Aber ohne Tat ist eine Idee nur ein Halbes. Jedes Abenteuer in meinem Dasein beginnt im Kopf. Mit einer Vision. Dann aber muß ich sie ausleben. Nur irgendwo sitzen, eine Wand betrachten und sagen, das Hinaufklettern ginge so, reicht mir nicht. Damit bin ich nicht zufrieden. Ich brauche die andere Hälfte vom Traum, die Tat. Wenn die beiden Hälften zusammenpassen, ist da eine runde Geschichte in mir als eine Art Kunstwerk, das mich ausfüllt, das mich weiterbringt.
Ob es nicht langweilig ist, die Wände der Churfirsten, eine nach der anderen, zu erklettern? Nein, jede Wand ist anders, jede Seillänge ist anders, jede Griffolge ist anders. Das ist es ja beim Bergsteigen: Wir sind in der Natur unterwegs, die immer unsere ganze Konzentration, unsere ganze Hingabe braucht. Vielleicht sind Meditation und Aktion nur zwei Wege mit entgegengesetzten Vorzeichen, zwei Wege, die zum selben Ziel führen – zur Aufhebung der Grenze zwischen Außenwelt und Innenwelt.

Les deux voies de la connaissance

Milarepa, le grand penseur «fou» tibétain n'a pas eu besoin d'escalader le Chomolungma (mont Everest) pour se découvrir. Pendant des années, il a médité au pied de la montagne. Une aventure intérieure. Pour ceux qui ont grandi à l'Est, en Asie, pour les êtres donc qui sont ouverts à la méditation, aptes à faire le vide en eux-mêmes, c'est un moyen. Je n'en suis que partiellement capable. Malheureusement. Je suis un homme d'action occidental, un homme goethéen. «Au commencement était l'action», c'est une affirmation avec laquelle je peux m'identifier. Je me réalise par l'action. Lorsque je ne fais rien – lorsque je ne marche pas, ne saisis pas, ne crée pas –, je me sens amoindri. L'idée, la création d'une idée sont importantes pour moi. Mais sans l'action, l'idée n'est qu'une demi-idée. Toute aventure dans ma vie commence dans ma tête. Par une vision. Mais ensuite il me faut la vivre. Il ne me suffit pas d'être assis quelque part, de contempler un versant et de me dire que l'escalade se ferait de telle façon. Je ne me contente pas de cela. Il me faut l'autre moitié du rêve, l'action. Lorsque les deux moitiés concordent, c'est pour moi une sorte d'œuvre d'art, qui me comble, qui me fait avancer.
N'est-ce pas monotone d'escalader les parois des Churfirsten les unes après les autres? Non, car chaque paroi est différente, chaque longueur de corde est différente, chaque succession de prises est différente. C'est cela l'alpinisme: nous nous aventurons dans la nature et celle-ci exige de nous une concentration, une attention de tous les instants. Peut-être la méditation et l'action sont-elles deux voies au tracé différent, deux voies qui mènent au même but – à l'abolition de la frontière entre le monde extérieur et le monde intérieur?

Two ways to understanding

Milarepa, Tibet's great "mad" thinker, did not have to climb Chomo Lungma (Mount Everest) in order to attain self-perception. He meditated for many years at the foot of the mountain: subjective adventure. This is a viable course for people who have grown up in the East, for people who are open to meditation, to emptying themselves in this manner. I can do this only to a limited extent – unfortunately. I am a Western man of action, a Faustian man, in other words. I can identify with his assertion: "In the beginning was the deed". I experience through action. When I am doing nothing – when I am not walking, not gripping, not forming something – I am less than I can be. I need the deed. The idea, the creation of an idea – this is important for me. But an idea without a deed is incomplete. Every adventure in my life begins in my head. With a vision. But then I have to live it. Just to sit somewhere, and to study a rockface, and say to myself: yes, it could be climbed like this, or like that, does not satisfy me. I need the other half of the dream, the deed. When the two halves fit together I feel that I have created something totally fulfilling, a kind of work of art, something that satisfies me, that helps me onwards.
Isn't it boring to climb the various faces of the Churfirsten one after the other? No, for every face is different, every pitch is different, every series of holds is different. That is the great thing about mountain climbing: it brings you face to face with nature, and this demands the utmost concentration, complete devotion. Perhaps meditation and action are only two different ways of approaching the same goal – of removing the border between the outer and the inner world.

◂ Piz Bernina, 4049 m, Schweiz/Italien
Er ist nicht kühn gebaut, und doch ist er ein Berg von großer bergsteigerischer Bedeutung. Mit dem Nachbargipfel Piz Bianco bildet der Piz Bernina ein mächtiges Fels- und Eismassiv, das vor allem durch die ausgeprägte Firnlinie des Biancogrates besticht. Zu Recht ist dieser Firngrat unter Bergsteigern weltberühmt. Als er 1876 erstmals begangen wurde, war der Piz Bernina seit 1850 schon längst von Osten bestiegen.

◂ Piz Bernina, 4049 m, Suisse/Italie
Tout en ne paraissant pas d'une trop grande difficulté, ce sommet a une grande importance pour les alpinistes. Avec le sommet voisin, le Piz Bianco, le Piz Bernina forme un imposant massif de roche et de glace que l'on remarque particulièrement à cause de sa bordure de névé célèbre à juste titre parmi les alpinistes du monde entier. Lorsqu'elle fut franchie pour la première fois en 1876, le Piz Bernina avait déjà été conquis par l'est en 1850.

◂ Piz Bernina, 13,284 ft, Switzerland/Italy
This peak does not look particularly difficult, and yet it is of great significance in mountaineering. Together with its neighbouring peak, Piz Bianco, Piz Bernina forms a mighty massif of rock and ice, which is notable especially for its névé ridge called Biancograt, rightly famous among mountaineers. The ascent via Biancograt was first made in 1876, although Piz Bernina had already been climbed from the east in 1850.

◀▶ **Königsspitze, 3859 m, Italien**
Die Königsspitze, italienisch Gran Zebrù, ist nicht nur der formschönste Gipfel der Ortlergruppe mit dem Ortler (3902 m) als Hauptgipfel (rechts im kleinen Bild). Er ist überhaupt einer der schönsten Eisgipfel der gesamten Ostalpen. Die bekannteste Route der Königsspitze ist die direkte Nordwand. Ortler, Zebrù (mittlerer Berg im kleinen Bild) und Königsspitze bilden eine einmalige Folge von Graten.

◀▶ **Königsspitze, 3859 m, Italie**
Appelé en italien Gran Zebrù, c'est non seulement le plus beau sommet du massif de l'Ortler dont l'Ortler (3902 m) est le principal sommet (à droite sur la petite photo) mais également l'un des plus jolis sommets de glace de toutes les Alpes de l'Est. La route la plus connue de la Königsspitze est la voie de montée directe par la face nord. L'Ortler, le Zebrù (le sommet au centre de la petite photo) et la Königsspitze forment une merveilleuse succession d'arêtes.

◀▶ **Königsspitze, 12,661 ft, Italy**
Called Gran Zebrù in Italian, this mountain is not only the most beautiful peak in the Ortler Alps, whose main summit is Ortler (12,802 ft, in the small picture on the right), but is one of the finest glaciated peaks in the whole of the Eastern Alps. The best-known route on Königsspitze is the North Face Direct. Ortler, Zebrù Piccolo (centre peak in the small picture), and Königsspitze form a splendid succession of ridges.

◀▶ **Geislerspitzen, 3027 m, Italien**
Unter den Geislerspitzen bin ich aufgewachsen. Alle Gipfel dieser einzigartigen Dolomitengruppe habe ich mehrmals bestiegen. Einzeln. Und doch kann ich mir einen ohne die anderen nicht vorstellen. Die Geislerspitzen, von Villnöß aus gesehen, sind schön in ihrer Gesamtheit, in ihrer Harmonie, in der Vielzahl der Formen. Furchetta und Sass Rigais (großes Bild Mitte) sind gleich hoch und in der Mitte des letzten Jahrhunderts erstmals bestiegen worden. Ich kann keinem der beiden Gipfel den Vorzug geben, obwohl die fast 800 Meter hohe Nordwand der Furchetta (rechts im rechten Bild) zu den klassischen Dolomiten-Wänden gehört und einer der ersten »sechsten Grade« der Alpingeschichte ist.

◀▶ **Geislerspitzen, 3027 m, Italie**
J'ai grandi au milieu de ces montagnes et j'ai escaladé plusieurs fois tous les sommets de ce groupe extraordinaire des Dolomites. Les uns après les autres. Et pourtant je ne peux m'imaginer l'un de ces sommets sans les autres. Vus de Villnöss, les Geislerspitzen sont beaux dans leur ensemble, dans leur harmonie et la diversité de leurs formes. La Furchetta et le Sass Rigais (au centre de la grande photo) ont la même hauteur et ont été escaladés pour la première fois au milieu du siècle dernier. Je ne peux dire lequel des deux je préfère bien que la face nord de près de 800 mètres d'altitude de la Furchetta (à droite sur la photo de droite) fasse partie des parois classiques des Dolomites et soit l'un des premiers «six degrés» dans l'histoire alpine.

◀▶ **Geislerspitzen, 9,931 ft, Italy**
I grew up at the foot of these mountains, called Le Odle in Italian. I have climbed all the peaks of this unique Dolomite group a number of times individually, and yet I cannot imagine one without the others. Seen from Villnöss, the Geislerspitzen are beautiful as a group, in their harmony, and richness of forms. Furchetta and Sass Rigais (centre of large picture) are the same height, and were first scaled in the middle of last century. I cannot say which of the two mountains I prefer, although Furchetta can boast a 2,600 ft North Face (right of right-hand picture) which is one of the classical Dolomite faces, and was one of the first "sixth grade" climbs in Alpine history.

◀▶ Langkofel, 3181 m, Italien
Von Norden wirkt er wie eine hochaufragende, von Schluchten und Rinnen zerfurchte Felsenburg (kleines Bild). Zweifellos ist er einer der »stolzesten« Gipfel der Dolomiten. Seine unmittelbaren Nachbarn – Fünffingerspitze, Grohmannspitze, Innerkoflerturm, Zahnkofel, Plattkofel – gehören zur Langkofelgruppe und bilden mit dem Hauptgipfel einen einmaligen Dolomitenstock. Und doch ist der Langkofel ein eigenständiger Gipfel, wie das große Bild, von Süden, mit dem Langkofeleck zeigt. Als er 1869 erstmals bestiegen wurde, dachte man sicher nicht daran, daß bald eine Gondelbahn den Aufstieg zur Langkofelscharte erleichtern würde. Die geplante Seilbahn dorthin muß verhindert werden. Sie brächte dieser Felsenwelt nichts außer Lärm, Menschenmassen und Technologie.

◀▶ Langkofel, 3181 m, Italie
Appelé Sasso Lungo en italien, c'est, vu du nord, une haute forteresse rocheuse déchiquetée par des gorges et des ravins (voir la petite photo). Il est sans conteste l'un des sommets «les plus fiers» des Dolomites. Ses voisins immédiats – Fünffingerspitze, Grohmannspitze, Innerkoflerturm, Zahnkofel, Plattkofel – font partie du groupe du Langkofel et forment, avec le principal sommet, un splendide massif des Dolomites. Et pourtant le Langkofel peut également être considéré comme un sommet individuel, vu du sud aussi, comme le montre la grande photo. Lorsqu'il fut escaladé pour la première fois en 1869, on n'imaginait certainement pas qu'un télécabine faciliterait bientôt la montée au col du Langkofel. Il faut empêcher la réalisation du projet de téléphérique qui n'amènerait que du bruit, des masses de gens et de la technologie dans cet univers de roches.

◀▶ Langkofel, 10,436 ft, Italy
Seen from the north, Sasso Lungo, as it is called in Italian, is like a great fortress, slashed by gorges and gullies (small picture). It is undoubtedly one of the "proudest" peaks in the Dolomites. Its immediate neighbours – Fünffingerspitze, Grohmannspitze, Innerkoflerturm, Zahnkofel, and Plattkofel – belong to the Langkofel Group, and, together with the main summit, form a magnificent Dolomite massif. And yet Langkofel can also be regarded as an individual peak, also from the south (large picture). When it was first climbed in 1869 surely no one thought that soon a gondola lift would make the ascent of the Langkofel Saddle easier. The planned téléphérique should be prevented: it would do nothing but introduce noise, masses of people, and technology to this world of rock.

◀ **Campanile Basso, 2877 m, Italien**
Von den deutschsprachigen Bergsteigern wird der in der Brentagruppe in den Dolomiten stehende Berg meist Guglia di Brenta genannt. Dieser Felsturm – einer der kühnst-geformten der Alpen – hat die Phantasie der Kletterer seit hundert Jahren beflügelt. 1899 konnte er erstmals erklettert werden. 1911 stieg der Pionier der Freikletterbewegung Paul Preuß als erster durch die geschlossene, senkrechte Ostwand: allein, ohne Haken, ohne Seil. Nur Hände und Füße am Fels, realisierte er eine Linie, die vor ihm niemand zu denken gewagt hatte.

◀ **Campanile Basso, 2877 m, Italie**
Ce sommet du massif de la Brenta dans les Dolomites, dont la forme est celle d'un clocher aux lignes hardies, a inspiré les grimpeurs depuis des siècles. Il a été escaladé pour la première fois en 1899. En 1911, Paul Preuss, un pionnier de l'escalade en libre a été le premier à gravir la face est verticale: en solo, sans pitons, sans cordes, rien qu'en prenant appui avec ses mains et ses pieds sur le rocher, il a tracé une ligne que personne n'avait osé imaginer avant lui.

◀ **Campanile Basso, 9,439 ft, Italy**
This rock tower in the Brenta Group, one of the most striking formations in the Alps, has stimulated the imaginations of climbers for centuries. The first ascent was in 1899. In 1911, Paul Preuss, a pioneer of "free climbing", became the first to climb the vertical East Face: solo, without hooks or ropes. Depending entirely on his hands and feet, he made a route across the rock that no one before him would even have considered.

Eine Kletterroute als Kunstwerk

Wir Bergsteiger »zeichnen« Linien an den größten Wänden der Welt. 4500 Meter mißt die Rupalwand am Nanga Parbat. Die Aufstiegsroute, die wir 1970 gefunden und begangen haben, ist eine Linie, die man nicht greifen kann, die es aber doch gibt, imaginär und real.
Ich sehe mein bergsteigerisches Leben mehr als schöpferische Tat und weniger als Sensation. Als solche haben nur die Medien meine Erstbegehungen »verkauft«. Ich führe kein Heldendasein. Ich war in keiner Weise ein Held und distanziere mich von all diesen Heldengeschichten, die um meine Person erzählt werden.
Ich versuchte und versuche, mich auszudrükken. Am Berg geht das so: Ich denke mir eine Route aus oder eine Idee und versuche dann, sie in die Tat umzusetzen. Die Tat ist die zweite Hälfte dieser Idee, die ich oft Traum nenne.
Die erste Hälfte meines Lebens ist vorbei. Meine Zeit ist kürzer geworden, der Wunsch aber, mich auszudrücken, wird mit jedem Jahr stärker. Warum sollte ich mich in der Wüste oder am Berg nicht ausdrücken können? Das will ich: Meine Fähigkeiten, Zweifel, Hoffnungen ausdrücken durch eine Kletterei, durch einen langen Marsch, die nachvollziehbar sind und bleiben. Ob dies allgemein nützlich ist oder nicht, fragen nur andere. Dabei muß es nur mir nützlich sein. Niemand sonst kann Antwort geben, denn kein anderer als ich selbst ist für das, was ich damit tue, verantwortlich.
Ich weiß, wenn ich unzufrieden bin, werde ich krank. Wenn ich unzufrieden bin, verliere ich meine Kraft, vor allem die schöpferische Potenz. Also gehe ich dann und wann einer »unnützen« Tätigkeit nach, auch um mich lebendiger zu spüren.
Wenn du wieder unten stehst und deinen Weg oben in der Wand siehst, weißt du, daß das Erlebnis dazu ein erlebtes Kunstwerk ist.

Un tracé d'escalade est une œuvre d'art

Nous autres alpinistes traçons des lignes sur les plus grandes parois du monde. Le versant Rupal du Nanga Parbat mesure 4500 mètres. La route, que nous avons trouvée et empruntée en 1970, est une ligne que l'on ne peut saisir, mais qui existe pourtant, imaginaire et réelle. Je vois ma vie d'alpiniste plus comme une succession d'actions créatrices que de faits à sensation. Ce sont uniquement les médias qui ont «vendu» mes premières comme tels. Je ne mène pas une vie héroïque. Je n'ai été en aucune manière un héros et je me distance de toutes ces histoires héroïques que l'on raconte à mon sujet. J'ai essayé et j'essaye toujours de m'exprimer. En montagne, cela se passe comme cela: j'imagine un itinéraire ou j'ai une idée et j'essaye ensuite de la mettre en pratique. L'action est la deuxième moitié de cette idée que j'appelle souvent un rêve. La première moitié de ma vie est passée. Je n'ai plus tellement de temps devant moi mais le désir que j'ai de m'exprimer est plus fort chaque année. Pourquoi ne pourrais-je pas m'exprimer dans le désert ou dans la montagne? C'est ce que je veux: exprimer mes capacités, mes doutes, mes espoirs par une escalade, par une longue marche, toutes choses qui restent en mémoire. Est-ce ou non d'une utilité générale, il n'y a que les autres pour se le demander. Ce qui importe, c'est que cela me soit utile. Personne d'autre ne peut répondre à ma place car aucun autre que moi n'est responsable de mes actes. Je sais que l'insatisfaction me rend malade. Lorsque je suis insatisfait, je perds mes forces, et surtout ma puissance créatrice. Je me livre alors de temps à autre à une occupation «inutile», également pour me sentir plus vivant.
Lorsque l'on se retrouve à nouveau en bas et que l'on voit là-haut son itinéraire sur le versant, alors on sait que cette aventure est une œuvre d'art vécue.

A climbing route as a work of art

We mountain climbers draw lines on the world's largest rockfaces. The Rupal Face on Nanga Parbat measures 14,760 ft. The route we found and climbed in 1970 is a line which is impalpable, yet it exists both in the imagination and in reality.
I see my mountaineering life as a creative act rather than as a sensation. My first ascents have been "sold" by the media rather than by myself.
I don't lead a heroic life. I have never been a hero, and disassociate myself from all the heroic stories that have been woven around my person.
I have always tried, and still try, to express myself. On a mountain it works like this: I work out a route or an idea, and then try to translate it into action. The action is the second half of this idea, which I often call "dream".
The first half of my life is over. Time is beginning to run out, but my desire to express myself becomes stronger every year. Why shouldn't I express myself in the desert or in the mountains? This is what I feel I must do: express my abilities, doubts, and hopes through the medium of climbing, through a long march – things that others can identify with, things that endure. The question of whether this is of any general use or not is asked only by others. But it only has to be useful to me. No one else can answer this question, for only I am responsible for what I make of my experience.
I know that discontent makes me ill. When I am discontented my strength wanes, especially my creative potential. So I occasionally engage in a "useless" activity also in order to feel really alive.
When you are down below again, and can see the route that you took on the face, then you know that what you have experienced was a subjective work of art.

◀ **Marmolada, 3344 m, Italien**
Der höchste Gipfel der Dolomiten, ladinisch Marmolèda, wird oft als »Königin der Dolomiten« bezeichnet. Der Berg hat zwei Gesichter: die vergletscherte Nordflanke (im Bild), über die 1864 die Erstbesteigung gelang, und die fast durchwegs senkrechte Südwand, die zwischen 400 und 1000 Meter hoch ist und ein gutes Hundert extremer Kletterrouten aufweist. Sie gehört zu den faszinierendsten Wänden der gesamten Ostalpen.

◀ **Marmolada, 3344 m, Italie**
Ce sommet, appelé Marmolèda en ladin, est le plus haut des Dolomites. On lui donne souvent le qualificatif de «Reine des Dolomites». Il a deux aspects: son flanc nord (sur la photo) transformé en glacier, par lequel eut lieu la première ascension en 1864 et la face sud presque verticale d'une hauteur entre 400 et 1000 mètres et qui offre une bonne centaine de routes extrêmement difficiles. Celle-ci fait partie des parois les plus fascinantes de toutes les Alpes de l'Est.

◀ **Marmolada, 10,971 ft, Italy**
Often called the "Queen of the Dolomites", it is the highest peak in this limestone region. It has two aspects: the glaciated North Flank (seen here), via which the first ascent took place in 1864, and the South Face. The latter is between 1,300 and 3,280 ft high, vertical pretty well all the way, and offers a good hundred extremely difficult routes. It is one of the most fascinating faces in the whole of the Eastern Alps.

▸ **Monte Pelmo, 3168 m, Italien**
Dieses eigenständige Bergmassiv, in den östlichen Dolomiten gelegen, sieht von allen Seiten abweisend aus und hat die Form eines Vulkans, obwohl es aus Dolomit, einem Sedimentgestein aus korallinen Ablagerungen, besteht. 1857 hat ihn J. Ball, einer der großen englischen Alpinisten des vergangenen Jahrhunderts, mit einem einheimischen Jäger erstmals bestiegen. Die Erstbegehung der Nordwand gehört zu den großen Taten der Dolomitenbesteigungen. Diese Route ist heute noch gefürchtet und wird dementsprechend selten begangen.

▸ **Monte Pelmo, 3168 m, Italie**
Le Monte Pelmo est un massif indépendant dans les Dolomites orientales. Il semble inattaquable de tous les côtés et a la forme d'un volcan bien qu'il soit constitué de dolomie, une roche sédimentaire de gisements coralliens. J. Ball, un des grands alpinistes anglais du siècle dernier, l'a escaladé pour la première fois, en 1857, avec un chasseur de la région. La première ascension de la face nord fait partie des hauts faits de l'alpinisme dans les Dolomites. Cette route est encore redoutée aujourd'hui et est donc rarement empruntée.

▸ **Monte Pelmo, 10,394 ft, Italy**
An independent massif in the Eastern Dolomites. It looks unapproachable from all sides, and is shaped like a volcano, although it consists of dolomite, an organic sedimentary rock. It was first climbed in 1857 by J. Ball – one of the outstanding British alpinists of the last century – together with a local gamekeeper. The first ascent of the North Face was one of the great mountaineering feats in this region: the route is still feared today, and is therefore rarely tackled.

▼▶ Sella, 3151 m, Italien
Die Sellagruppe, von der die vier ladinischen Täler – Grödner Tal (großes Bild), Fassatal, Buchenstein und Gadertal – ausgehen, gipfelt in der Boéspitze. Es ist nicht dieser flache Schuttkegel, der besticht, es sind ungezählte Felsgestalten und Felsformen in diesem dreistufigen Massiv zwischen Sellajoch, Pordoipaß, Campolongopaß und Grödnerjoch. Die Kletterer sind besonders von den Steilwänden der Sellatürme (kleines Bild), der Pordoispitze und des Piz Ciavàzes fasziniert.

▲▶ Sella, 3151 m, Italie
Le groupe de la Sella dont partent les quatre vallées au parler rhéto-roman – Val Gardena (grande photo), Fassatal, Buchenstein et Gadertal – culmine à la pointe Boé. Ce n'est pas ce cône tronqué qui impressionne mais les innombrables formations et formes rocheuses dans ce massif à trois étages entre le col de la Sella, le col du Pordoi, le col du Campolongo et le col du Grödner. Les alpinistes sont particulièrement fascinés par les parois abruptes des tours de la Sella (petite photo), de la pointe du Pordoi et du Piz Ciavàzes.

▲▶ Sella, 10,338 ft, Italy
The Sella Group – from which the four valleys Val Gardena (large picture), Fassatal, Buchenstein, and Gadertal, with their Romansch-speaking populations, radiate – has its highest point in the Boéspitze. It is not the truncated cone that impresses, but the innumerable rock formations and forms in this three-stage massif between Sella Saddle, Pordoi Pass, Campolongo Pass, and Grödner Saddle. Rock-climbers are especially fascinated by the steep walls of the Sella Towers (small picture), the Pordoispitze, and the Piz Ciavàzes.

▸ **Sass Pordoi, 2950 m, Italien**
Im Südwesten des Sellastocks springt dieses gewaltige Felsmassiv, das nach zwei Seiten hin steile Bruchwände besitzt, hervor. Der Anblick von der Dolomitenstraße bei der Auffahrt zum Sellajoch und zum Pordoipaß ist faszinierend. Der Gipfel selbst ist nicht ausgeprägt. Am Rande der vorspringenden Plattform steht die Bergstation der Seilbahn, die vom Pordoipaß heraufführt und jährlich eine große Zahl von Touristen zum Gipfel transportiert. Diese Seilbahn – ein Kompromiß in der wilden Welt der Dolomiten – erlaubt es auch Nichtbergsteigern, einen Eindruck von den Dolomiten aus der Höhe zu bekommen. Einige solche Seilbahnen sind vielleicht vertretbar, wenn andere Gebiete von jeder technologischen Erschließung ausgeklammert bleiben.

▸ **Sass Pordoi, 2950 m, Italie**
Le Sass Pordoi est un imposant massif rocheux aux parois verticales déchiquetées des deux côtés qui fait saillie au sud-ouest du massif de la Sella. La vue que l'on a de la route des Dolomites en montant au col de la Sella et au col du Pordoi est fascinante. Le sommet lui-même n'a pas une forme accusée. Au bord de la plate-forme en avancée se trouve la station de montagne du téléphérique qui monte du col du Pordoi et transporte chaque année un grand nombre de touristes jusqu'au sommet. Ce téléphérique – un compromis dans l'univers sauvage des Dolomites – permet également aux non-alpinistes d'avoir une impression des Dolomites à haute altitude. Quelques téléphériques de ce genre sont peut-être défendables si d'autres domaines sont exempts de toute exploitation technologique.

▸ **Sass Pordoi, 9,678 ft, Italy**
A tremendous rocky massif with steep footwalls on two sides, which juts out south-westwards from the Sella Group. The view from the Dolomite Road when driving up to Sella Saddle and to the Pordoi Pass is fascinating, although the peak itself is not outstanding. At the edge of the projecting platform of rock is the mountain station of the téléphérique which runs up from the Pordoi Pass and transports a great number of people to the peak. This facility – a compromise in the wild world of the Dolomites – makes it possible for those who are not mountaineers to get an impression of the Dolomites from a high altitude. A few such cable railways may be justified, provided other areas are spared every kind of technological exploitation.

◀ **Drei Zinnen, 2999 m, Italien**
Die Drei Zinnen sind nicht drei, sondern, ohne die westlichen Ausläufer, fünf berühmte Kletterberge in den östlichen Dolomiten: Preuß-Turm, Punta di Frida, Kleine Zinne, Große Zinne, Westliche Zinne. Von einigen Standpunkten aus – zum Beispiel Paternsattel, Innerfeldtal – verschmelzen die drei östlichen Türme zu einer »Kleinen Zinne«. Seit der Erstbesteigung der Großen Zinne 1869 waren die Drei Zinnen immer wieder Schauplatz sensationeller Besteigungen. Besonders im Zeitalter der Direttissimas – im Jahrzehnt zwischen 1955 und 1965 – zogen die Hakenkletterer immer wieder die Aufmerksamkeit einer breiten Öffentlichkeit auf sich und die Drei Zinnen.

◀ **Tre Cime di Lavaredo, 2999 m, Italie**
Elles ne sont pas trois mais, sans les contreforts occidentaux, cinq sommets d'escalades célèbres dans les Dolomites orientales: la tour Preuss, la Punta di Frida, la Piccola, la Cima Grande, la Cime Ouest. Vues sous certains angles – par exemple du Paternsattel ou de l'Innerfeldtal – les trois tours est se fondent en un seul sommet, la «Piccola». Depuis la première ascension de la Cima Grande en 1869, les trois cimes ont été le théâtre d'ascensions sensationnelles. En particulier, à l'époque de la «diretissima» – la décennie entre 1955 et 1965 – les alpinistes adeptes du pitonnage ont maintes fois attiré l'attention de l'opinion publique sur eux et les Tre Cime.

◀ **Tre Cime di Lavaredo, 9,839 ft, Italy**
Despite their name in both languages (German: Drei Zinnen), this formation in the Eastern Dolomites comprises not three peaks, but five: Preuss Tower, Punta di Frida, Cima Piccola, Cima Grande, and Cima Ovest, and that does not include the western extensions.
From some points of view – from Paternsattel, or Innerfeldtal, for example – the three eastern towers seem to merge to form only one peak: a "Cima Piccola" (or "Kleine Zinne"). Since the first ascent of the Cima Grande in 1869, the Tre Cime have been the scene of many a sensational climb. Especially during the age of "direttissima" – the decade between 1955 and 1965 – the "artificial climbers" frequently drew the public's attention to themselves and the Tre Cime di Lavaredo.

Erstbegehungen

An den Drei Zinnen habe ich keine Erstbegehungen durchgeführt. Die Fähigkeit, die beiden großen Nordwände frei zu klettern, hatte ich nicht, und auf eine technologische »Eroberung« wollte ich mich nicht einlassen. Da zog ich die Nordwestwand der Civetta, die Südwand der Marmolada oder die gewaltigen Nordabstürze des Monte Agnèr vor, wo ich großteils freikletternd neue Linien in die Wände zeichnen konnte. So habe ich mich in den Dolomiten ausgedrückt, so habe ich später mein Können an den Achttausendern ausgespielt.
Ich habe nicht die Aufgabe, aber die Möglichkeit, mein Leben auszuspielen. Meine Fähigkeiten, meine Ängste, meine Zweifel auszuspielen. Ich bin ein Spieler, auch weil ich weiß, daß ich sterben muß. Und so drücke ich mich speziell beim Bergsteigen aus. Was möchte ich im Leben mehr! Ich will mich ausdrücken. Das kann ich auch durch ein Buch, durch einen Film, durch einen Vortrag. Ja, ich weiß, und doch sind mir die »unnützen« Bergtouren das wichtigste Ausdrucksmittel geblieben.
Durch eine Tat, die keine Bedeutung für die Menschheit haben muß, die nur mir wichtig sein kann, will ich nichts beweisen, nur etwas tun. Was mir bisher gelungen ist, sind meine Taten. Die Besteigung des Nanga Parbat zum Beispiel: allein, mit einem kleinen Rucksack, über eine neue Linie in der Diamir-Wand. Es ist nutzlos, was ich da geleistet habe, aber ich habe mich dabei ausgedrückt. Und ich freue mich darüber. So wie diese Tat für mich ein Kunstwerk ist, sind es auch die Routen von Comici und Hasse an der Großen Zinne-Nordwand, die von Sepp Innerkofler an der Nordwand der Kleinen – oder der Schweizerweg an der Nordwand der Westlichen Zinne. Die Linie, soweit sie der Struktur des Berges folgt, ist nicht kritisierbar. Streiten läßt sich höchstens über den technologischen Einsatz beim Ausführen einer Erstbegehungsidee oder über die Einstellung, die bei jedem von uns eine andere ist.

Les premières

Je n'ai pas réalisé de premières dans Le Tre Cime di Lavaredo. Je n'avais pas la capacité d'escalader en libre les deux grandes faces nord et je ne voulais pas m'engager dans une «conquête» technologique. J'ai donc préféré la face nord-ouest de la Civetta, la face sud de la Marmolada ou les imposants à-pics nord du Monte Agnèr où j'ai pu, en grande partie en libre, tracer de nouvelles voies dans les parois. C'est ainsi que je me suis exprimé dans les Dolomites, que j'ai mis en jeu par la suite mon savoir-faire dans les 8000. Je ne suis pas obligé de risquer ma vie mais j'en ai la possibilité. Je peux mettre en jeu mes capacités, mes peurs, mes doutes. Je suis un joueur, également parce que je sais que je dois mourir. Et c'est ainsi que je m'exprime tout particulièrement dans l'alpinisme. Que pourrais-je souhaiter de plus dans la vie! Je veux m'exprimer. Je le peux également par un livre, par un film, par un exposé. Certes, je le sais, et cependant les escalades «inutiles» sont restées pour moi le moyen d'expression le plus important. Par un acte, qui ne peut avoir aucune importance pour l'humanité, qui ne peut être important que pour moi, je ne veux rien prouver, seulement agir. Ce que j'ai réussi jusqu'à présent, ce sont mes actes. L'ascension du Nanga Parbat par exemple: en solitaire, avec un petit sac à dos, par un nouvel itinéraire sur le versant Diamir. La performance que j'ai réalisée là est sans utilité mais elle m'a permis de m'exprimer. Et je m'en réjouis. Cette action est pour moi une œuvre d'art au même titre que les itinéraires de Comici et Hasse sur la face nord de la Cima Grande, de Sepp Innerkofler sur la face nord de la Piccola ou la voie suisse sur la face nord de la Cima Ouest. L'itinéraire, dans la mesure où il suit la structure de la montagne, ne prête pas à critiques. On peut tout au plus discuter des moyens techniques utilisés pour réaliser une première ou de sa conception qui diffère chez chacun de nous.

First ascents

I have not achieved any "firsts" on the Tre Cime. I did not have the ability to climb the great North Faces free, and I was not interested in "conquering" them with artificial aids. So I preferred to tackle the North West Face of the Civetta, the South Face of the Marmolada, or the tremendous north flank of Monte Agnèr where, usually climbing free, I made new routes, traced new lines. That was how I expressed myself in the Dolomites, and that was how I later tested my abilities on the 8,000 m peaks (i.e. 26,000 ft and above).
Although I don't have to, I like to live my life to the full, to go to the limit with my abilities, my fears, and my doubts. I am a gambler, partly because I know that I must die anyway. And so I express myself in particular via mountaineering. What more do I want in life! I want to express myself. Yes, I know – I can, if I wish, also do this via a book, a film, or a lecture, and yet "useless" climbs have remained my most important means of expression.
With an act that need be of no significance to mankind, which can be of importance only to me, I don't aim to prove anything, but simply to do something. Whatever successes I have had so far have been the result of action. The ascent of Nanga Parbat, for example: solo, with a small rucksack, taking a new route on the Diamirai Face. It was "useless", but I expressed myself with it, and it has given me satisfaction. Just as that was a work of art for me, so are the routes made by Comici and Hasse on the Cima Grande North Face, the one made by Sepp Innerkofler on the North Face of the Piccola – or the Swiss Route on the North Face of the Cima Ovest. Provided it follows the structure of the mountain, the route or line does not allow of criticism. But opinions may well differ on the use of technological aids in a first ascent or on the climber's attitude, which is personal to each individual.

◂ Großglockner, 3797 m, Österreich
Der höchste Berg Österreichs steht in den hohen Tauern und ist einer der berühmtesten und wohl auch schönsten Gipfel der Alpenrepublik. Ein »perfekter« Berg, an dem man wandern, klettern und skifahren kann. An seinem Nordfuß breitet sich mit einer Eisfläche von 24 Quadratkilometern die Pasterze aus, der größte Gletscher der Ostalpen. In einer großangelegten Expedition, angeregt durch den Altgrafen Franz von Salm, Fürstbischof von Gurk, wurde der Gipfel 1800 erstmals erreicht. Seit damals ist er einer der meistbestiegenen Gletscherberge der Welt.

◂ Grossglockner, 3797 m, Autriche
La plus haute montagne d'Autriche, dans le massif des Hohe Tauern, est un de ses plus célèbres et également un de ses plus beaux sommets. Une montagne «parfaite» où l'on peut faire des randonnées, des escalades et du ski. Sur son flanc nord se trouve le glacier de la Pasterze qui est, avec une superficie de 24 kilomètres carrés, le plus grand glacier des Alpes orientales. Le sommet a été escaladé pour la première fois en 1800 au cours d'une grande expédition organisée par le prince évêque de Gurk, Franz von Salm. Depuis, c'est une des montagnes glaciaires les plus escaladées du monde.

◂ Grossglockner, 12,457 ft, Austria
Austria's highest mountain is at the same time one of its most famous and most beautiful. A "perfect" mountain, fine for walking, climbing, and skiing. On its north flank is the Pasterze Glacier, which, with an area of over nine square miles, is the largest in the Eastern Alps. The peak was first climbed in the course of a large-scale expedition initiated by the Prince Bishop of Gurk, Franz von Salm, in 1800. Since then it has been one of the world's most frequently climbed glaciated mountains.

▸ Herdubreid, 1682 m, Island
Tausend Meter ragt die Herdubreid, die als »Königin der isländischen Berge« bezeichnet wird, über ihre Umgebung hinaus. Eigenwillig ragt dieser Basaltstock, auf dem ein Vulkankegel sitzt, in den nordischen Himmel. Die Herdubreid, im Osten der Lavawüste Odádahraun gelegen, ist ein tafelbergartiger Vulkan, der mit einem Basisdurchmesser von fünf Kilometern fast kreisrund ist und aus drei Hauptschichten besteht: einem Palagonitsockel, einer Lavadecke aus Doleritbasalt und postglazialen Basalten und dem postglazialen Vulkankegel.

▸ Herdubreid, 1682 m, Islande
Celle que l'on appelle la «reine des montagnes islandaises» s'élève à 1000 m au-dessus de son environnement dans le ciel nordique. C'est un curieux massif de basalte placé audessus d'un cône volcanique. Située dans l'est du désert de lave d'Odádahraun, la Herdubreid est un volcan quasi tabulaire et presque circulaire avec un diamètre de cinq kilomètres à la base et composé de trois couches principales: un socle en palagonite, une couche de lave en basalte dolerite et basaltes post-glaciaires et le cône volcanique post-glaciaire.

▸ Herdubreid, 5,518 ft, Iceland
This "queen of the Icelandic mountains" rises 3,500 ft above its surroundings into the Nordic sky: a striking basalt outcrop above a volcanic cone.
Herdubreid, in the east of the lava desert Odádahraun, is an almost circular tableland volcano with a diameter of 3 miles at its base, and consists of three main strata: a palagonite base, a lava layer of dolerite basalt and post-glacial basalts, and the post-glacial volcanic cone.

◀▼ **Die Namenlosen, ca. 1800 m, Grönland**
Nicht nur in Grönland – im Bild eine Gipfelkette auf der Halbinsel Qioq in Westgrönland –, auch im Himalaya und vor allem in der Antarktis gibt es eine Reihe namenloser Gipfel. Dort, wo die Einheimischen nicht hinkamen oder wo es vor der geographischen Eroberung des Menschen mit Hilfe der modernen Technologie keine Menschen gab, bekamen die Berge primär keine Namen. Und wir sollten ihnen heute nicht unsere Nomenklatur anhängen für alle Zeiten.

◀▲ **Les montagnes sans Nom, env. 1800 m, Groenland**
Le Groenland n'est pas la seule région à avoir des montagnes sans nom – sur la photo une chaîne de sommets dans la péninsule de Qioq dans l'ouest du pays –, il y en a également dans l'Himalaya et surtout dans l'Antarctique. C'est surtout dans les régions d'accès difficile aux populations indigènes ou qui n'étaient pas habitées avant leur exploitation par la technologie moderne que les montagnes n'ont pas reçu de noms. Et il n'est nul besoin que nous leur en imposions aujourd'hui.

◀▲ **The Nameless Mountains, ca. 5,900 ft, Greenland**
There are nameless mountains – here we see a chain of peaks on the Qioq Peninsula in Greenland – in other parts of the world apart from Greenland: in the Himalayas, for example, and especially in Antarctica. It was mainly in remote areas where the indigenous population hardly penetrated, or which were uninhabited before technology enabled man to exploit them, where the mountains were not given names. And there is no reason why we should now impose our nomenclature on them.

◂ Romsdalen, 1795 m, Norwegen
Im Tal der Rauma stehen mehrere nahezu 2000 Meter hohe Gipfel, deren Granitwände bis 1500 Meter hoch aufragen: Trollryggen (1742 m), Störe Trolltind (1795 m), Söndre Trolltind (1618 m). In den fünfziger und sechziger Jahren wurden großartige Kletterrouten durch ihre Wände eröffnet. In dieser Abgeschiedenheit wirken die Gegensätze von oben und unten viel stärker als in den überlaufenen Alpen.

◂ Romsdal, 1795 m, Norvège
Dans la vallée de la Rauma, il y a plusieurs sommets de près de 2000 m dont les parois granitiques s'élèvent jusqu'à 1500 m: Trollryggen (1742 m), Störe Trolltind (1795 m), Söndre Trolltind (1618 m). De merveilleuses routes d'escalade ont été ouvertes ici dans les années cinquante et soixante. Dans cette région reculée, les contrastes entre les hauteurs et les basses terres paraissent beaucoup plus prononcés que dans les Alpes encombrées.

◂ Romsdal, 5,889 ft, Norway
In the Rauma Valley there are a number of mountains in the 6,500 ft range whose granite walls rise as high as 5,000 ft: Trollryggen (5,715 ft), Störe Trolltind (5,889 ft), Söndre Trolltind (5,308 ft). Magnificent climbing tours were opened up here in the 1950's and 1960's. In this remote region the contrasts between the uplands and lowlands are much greater than in the overrun Alps.

▸ **Sierra de la Peña, ca. 1500 m, Spanien**
Die zerrissenen Felsen oberhalb des Dorfes Riglos bei Jaca bestechen durch ihre Eigenwilligkeit. Vor mehr als tausend Jahren haben hier Mönche ihr Kloster unter den senkrechten Nagelfluhfelsen gebaut.
▾ **Mont Sainte-Victoire, 1011 m, Frankreich**
Von der faszinierenden Form dieses Berges wurde der Maler Paul Cézanne zu mehreren Zeichnungen angeregt.

▴ **Mont Sainte-Victoire, 1011 m, France**
La forme fascinante de cette montagne a inspiré le peintre Paul Cézanne pour maints de ses dessins.
▸ **Sierra de la Peña, env. 1500 m, Espagne**
Les rochers déchiquetés au-dessus du village de Riglos près de Jaca ont des formes impressionnantes. Des moines y ont construit un monastère au pied de ces parois verticales de nagelfluh voici plus d'un millénaire.

▴ **Mont Sainte-Victoire, 3,317 ft, France**
Fascinated by its form, the painter Paul Cézanne made this mountain the subject of a number of his works.
▸ **Sierra de la Peña, ca. 4,920 ft, Spain**
The rugged cliffs make a striking background for the village of Riglos, near Jaca. Monks built a monastery beneath these vertical walls of gompholite more than a thousand years ago.

◀▶ Picos de Europa, bis 2519 m, Spanien
Der Naranjo de Bulnes (rechtes Bild, 2519 m) gehört wie auch der El Jisu (linkes Bild, 2500 m) zu den Picos de Europa im Kantabrischen Gebirge. Der Naranjo de Bulnes, der »berühmteste Kletterberg«, wurde bereits 1904 erstmals bestiegen. Die Westwand gelang 1962 einer Seilschaft unter der Führung von Ernesto Navarro. Dies war am Beginn des extremen Bergsteigens in Spanien. Die spanischen Alpinisten haben in drei Jahrzehnten ihren Rückstand auf die Weltelite völlig aufgeholt und sind heute ebenso aktiv wie Bergsteiger aus England, Japan, Frankreich, den USA oder der Bundesrepublik Deutschland.

◀▶ Pic d'Europe, 2519 m, Espagne
Le Naranjo de Bulnes (photo de droite, 2519 m) fait partie comme le El Jisu (photo de gauche, 2500 m) du groupe du Pic d'Europe dans les monts Cantabriques. Le Naranjo de Bulnes, la «plus célèbre montagne d'escalade», a été gravi pour la première fois dès 1904. La face ouest a été escaladée par une cordée dirigée par Ernesto Navarro en 1962. C'était au début de l'alpinisme de haut niveau en Espagne. En trois décennies, les alpinistes espagnols ont entièrement rattrapé le retard qu'ils avaient par rapport à l'élite mondiale et aujourd'hui ils sont tout aussi actifs que les alpinistes anglais, japonais, français, américains ou ouest-allemands.

◀▶ Picos de Europa, up to 8,265 ft, Spain
Naranjo de Bulnes (right-hand picture, 8,265 ft) belongs, like El Jisu (left-hand picture, 8,202 ft) to the Picos de Europa Group in the Cantabrian mountains. Naranjo de Bulnes, the "most famous rock-climbing mountain", was first scaled in 1904. The West Face was climbed by a rope led by Ernesto Navarro in 1962. This was at the beginning of high-powered climbing in Spain. In the course of three decades the Spanish alpinists have caught up with the world elite, and are now just as active as the British, Japanese, French, American, or West German mountaineers.

◀▼ **Felstürme von Meteora, ca. 560 m, Griechenland**
Die Meteorafelsen waren ursprünglich wegen ihrer Klöster berühmt. Diese Klöster sind teilweise so unzugänglich, daß sich selbst extreme Kletterer fragen, wie die Mönche dorthin kommen konnten (zum Beispiel das Kloster Agios Triados oder Aghia Trias im kleinen Bild rechts). Heute pilgern Kletterer aus halb Europa zu diesen Mittelgebirgsfelsen. Hier wurde ein Felsenreich erschlossen, das einmalig ist wie die Felsenwelt des Elbsandsteingebirges bei Dresden oder der Montserrat bei Barcelona.

◀▲ **Les tours rocheuses de Meteora, env. 560 m, Grèce**
Les rochers de Meteora étaient à l'origine célèbres par leurs monastères. Ces monastères sont parfois si inaccessibles que même les alpinistes les plus chevronnés se demandent comment les moines ont pu y parvenir (par exemple le monastère d'Haghia Trias sur la petite photo à droite). Aujourd'hui des alpinistes de presque toute l'Europe se rendent en pèlerinage dans ces montagnes dont le décor est aussi unique que l'univers rocheux du massif d'Elbsandstein près de Dresden ou du Montserrat près de Barcelone.

◀▲ **The Rock Towers of Meteora, ca. 1,835 ft, Greece**
The Meteora Rocks were originally famous for their monasteries. Some of these monasteries are so inaccessible that even expert rock climbers wonder how the monks succeeded in getting there (for example Ayia Triadha Monastery in the small picture on the right). Now rock-climbers from all over Europe make pilgrimages to these cliffs, which are as unique in their way as the rocks of the Elbsandstein Mountains near Dresden, or Montserrat near Barcelona.

▶ **Kasbek, 5047 m, UdSSR**
▼ **Besengi-Mauer, 5051 m, UdSSR**
Der Kasbek ist nicht der höchste Berg des Kaukasus – das bleibt der relativ leicht ersteigbare Elbrus –, aber er ist einer der markantesten Gipfel in diesem euroasiatischen Grenzgebirge. Neben dem berühmten zweigipfeligen Uschba und der abweisenden Besengi-Mauer (kleines Bild) ist der erloschene Vulkan Kasbek einer der begehrtesten Klettergipfel. 1869 glückte es erstmals, diesen Fünftausender zu besteigen. In seinem Buch »Travels in the Central Caucasus and Bashan« (1869) hat Freshfield über diese Besteigung berichtet.

▶ **Kazbek, 5047 m, URSS**
▲ **Muraille de Besengi, 5051 m, URSS**
Le Kazbek n'est pas le plus haut sommet du Caucase qui culmine à l'Elbrous, mais c'est un des sommets les plus frappants de ce massif à la limite entre l'Europe et l'Asie. Avec l'Ushba et ses deux sommets célèbres et la muraille hostile de Besengi (petite photo), le volcan éteint de Kazbek est un des sommets d'escalade les plus recherchés. Il fut conquis pour la première fois en 1869. Freshfield relate cette ascension dans son livre «Travels in the Central Caucasus and Bashan» (1869).

▶ **Kazbek, 16,558 ft, USSR**
▲ **Bezingi Wall, 16,571 ft, USSR**
Mount Kazbek is not the highest mountain in the Caucasus – this honour is reserved for Elbruz – but it is one of the most striking peaks in these mountains on the geographical boundary between Europe and Asia.
Alongside Ushba, with its twin peaks, and the inhospitable Bezingi Wall (small picture), Kazbek, an extinct volcano, is one of the most favoured climbing peaks. It was first scaled in 1869. W.D. Freshfield reports on this first ascent in his book "Travels in the Central Caucasus and Bashan" (1869).

Asien
Asie
Asia

◀◀ Himalaya, Asien
Der Himalaya ist das höchste Gebirge der Erde und etwa 2500 km lang. Wenn wir den Karakorum im Nordwesten dazurechnen, der durch den Indus von der Hauptkette getrennt ist, stehen alle 14 Achttausendergipfel der Welt in diesem mächtigen Gebirgssystem. Aber nicht nur die höchsten Berge, auch viele Fünf- und Sechstausender sind in Form und Ausstrahlung faszinierend. Im Bild: Blick vom Khumbu Kala Pattar auf Kangtega und Tamserku, beide im Süden des Mount Everest gelegen.

◀ Rakaposhi, 7788 m, Pakistan
Mit steilen Graten und Flanken erhebt er sich über dem Hunza-Tal. Welch einmaliger Anblick! Der Rakaposhi ist ein schwieriger Berg und konnte erst nach wiederholten Versuchen, 1958, von Südwesten, bestiegen werden. Viel schwieriger ist der Berg von Norden und Nordwesten, wo 1979 die zweite Besteigung glückte. Einige interessante Aufstiegsrouten sind noch zu erschließen.

◀◀ L'Himalaya, Asie
L'Himalaya est la plus haute chaîne montagneuse de la terre et s'étend sur environ 2500 km de long. Si l'on compte également le massif du Karakoram au nord-ouest, séparé de la chaîne principale par l'Indus, les 14 huit mille du monde se trouvent dans cet imposant système montagneux. Mais il n'y a pas que les plus hautes montagnes du monde à être fascinantes, de nombreux cinq mille et six mille le sont également par leur forme et leur rayonnement. Sur la photo: vue du Khumbu Kala Pattar sur le Kangtega et le Tamserku, situés tous deux au sud du mont Everest.

◀ Rakaposhi, 7788 m, Pakistan
Les arêtes et les flancs abrupts du Rakaposhi s'élèvent au-dessus de la vallée de l'Hunza. Quelle vue impressionnante! Le Rakaposhi est une montagne difficile et n'a pu être conquis qu'après plusieurs tentatives, en 1958, par le sud-ouest. Mais il est encore plus difficile par le nord et le nord-ouest où la deuxième ascension a réussi en 1979. Il reste encore quelques routes d'escalade intéressantes à découvrir.

◀◀ The Himalayas, Asia
The Himalayas are the world's highest mountains, and extend for about 1,500 miles. If we include the Karakorum range, in the north-west, which is cut off from the main chain by the River Indus, then all the world's 14 mountains higher than 8,000 metres (26,246 ft) are in the Himalayas. However, the region does not only possess the world's highest mountains, but also many others which are no less fascinating in their form and majesty.
Our picture shows a view from Khumbu Kala Pattar of Kangtega and Tamserku, both to the south of Mount Everest.

◀ Rakaposhi, 25,555 ft, Pakistan
The steep ridges and flanks of Rakaposhi rise above the Hunza Valley. What a phenomenal view! Rakaposhi is a difficult mountain, and was only climbed, after repeated attempts, in 1958, from the south-west. But it is even more difficult from the north, and from the north-west, from where the second ascent succeeded in 1979. There are still some interesting routes that have not been climbed.

▸ **Laila Peak, 7330 m, Pakistan**
Es gibt Karten, die ihn als Sechstausender führen, auf anderen erscheint er als Siebentausender. Es ist aber nicht die absolute Meereshöhe, die diesen Gipfel so kühn erscheinen läßt. Es ist seine Form – eine in den Himmel gestellte Lanzenspitze – und die Tatsache, daß er noch unbestiegen ist. Nicht nur im Karakorum, auch im Hindukusch und Himalaya stehen noch eine Anzahl unbestiegener Sechs- und Siebentausender. Es ist nicht so, daß sie besonders schwierig sind, nein, sie sind vielmehr so entlegen, »verboten« oder »zweitrangig«, daß sie bisher kein Bergsteiger ins Auge gefaßt hat.

▸ **Laila Peak, 7330 m, Pakistan**
Certaines cartes classent ce sommet dans les six mille, sur d'autres il figure comme un sept mille. Mais ce n'est pas son altitude absolue qui le rend si imposant. C'est sa forme – une lance pointée vers le ciel – et le fait qu'il n'a pas encore été conquis. Il y a encore un certain nombre de six mille et de sept mille qui n'ont pas été gravis non seulement dans le Karakoram mais également dans l'Hindû-Kûsh et l'Himalaya. Ce n'est pas parce qu'ils sont particulièrement difficiles, c'est plutôt parce qu'ils sont si reculés, «interdits» ou de deuxième catégorie qu'aucun grimpeur ne s'y est intéressé jusqu'à présent.

▸ **Laila Peak, 24,049 ft, Pakistan**
Maps disagree as to the actual height of this mountain. However, it is not only sheer height that makes it so imposing, but its shape – a lance head piercing the sky – and the fact that it has not yet been climbed. There are still a number of unclimbed high mountains, not only in Karakorum, but also in the Hindu Kush and the Himalayas. The reason why no mountaineer has tackled them yet is not because they are particularly difficult, but because they are so remote, "forbidden", or lacking in prestige.

▼▶ Trango-Türme, 6257 m, Pakistan
Der Uli-Biaho-Turm (6038 m, kleines Bild), der Kleine Trango-Turm, auf englisch Nameless Tower (ca. 6000 m, links im großen Bild), und der Große Trango-Turm (groß im Vordergrund) sind drei der eindrucksvollsten Felsgestalten an der orographisch rechten Seite des Baltoro-Gletschers. Diese Granittürme sind klettertechnisch anspruchsvolle Ziele und stehen seit Mitte der siebziger Jahre im Brennpunkt des Interesses.

▼▶ Tours Trango, 6257 m, Pakistan
La tour Uli-Biaho (6038 m, petite photo), la Petite tour Trango, en anglais Nameless Tower (env. 6000 m, à gauche sur la grande photo) et la Grande tour Trango (au premier plan) sont trois formations rocheuses parmi les plus impressionnantes sur le côté droit orographique du glacier du Baltoro. Ces tours de granit d'une approche difficile attirent les grimpeurs depuis le milieu des années soixante-dix.

▼▶ Trango Towers, 20,528 ft, Pakistan
The Uli-Biaho Tower (19,810 ft, small picture), the Nameless Tower (19,685 ft, on the left of large picture), and the Great Trango Tower (foreground) are three of the most impressive rock formations on the orographic right-hand side of the Baltoro Glacier. These difficult granite towers have been a centre of intense rock-climbing activity since the middle of the 1970's.

◀ Paiju Peak, 6612 m, Pakistan
Mit steilen, zerrissenen Wänden fällt er zum Baltoro-Gletscher ab: ein atemberaubender Anblick. Schon Vittorio Sella (1859–1943), der berühmte italienische Bergfotograf, war von diesem Gipfel so angetan, daß er mehrere Aufnahmen von ihm belichtete. Und Hermann Buhl dachte beim Anmarsch zum Broad Peak laut darüber nach, einen der Pfeiler in dieser fast 2000 Meter hohen Wand zu versuchen. Der Paiju Peak ist ein mehrgipfeliges Massiv mit kompliziertem Aufbau. 1976 ist es einheimischen Bergsteigern unter der Leitung von A. Steck erstmals gelungen, den Hauptgipfel zu erreichen.

◀ Paiju Peak, 6612 m, Pakistan
Une vue impressionnante: les parois abruptes, déchiquetées du Paiju Peak tombent vers le glacier du Baltoro. Vittorio Sella (1859–1943), le célèbre photographe italien de montagnes, avait déjà été si fasciné par ce sommet qu'il en avait pris plusieurs photos. Et le grimpeur allemand, Hermann Buhl avait songé sérieusement, alors qu'il s'approchait du Broad Peak, à s'attaquer à un des piliers de cette paroi de près de 2000 m d'altitude. Le Paiju Peak est un massif complexe qui compte plusieurs sommets. Des grimpeurs pakistanais dirigés par A. Steck sont parvenus à escalader le sommet principal pour la première fois en 1976.

◀ Paiju Peak, 21,693 ft, Pakistan
The steep, harsh faces of the Paiju Peak swoop down to the Baltoro Glacier: a breathtaking view. Vittorio Sella (1859 to 1943), the famous Italian mountain photographer, was so impressed by this mountain that he photographed it a number of times. And Hermann Buhl, the noted German climber, when on his way to Broad Peak, seriously considered tackling one of the pillars in its 6,500 ft face. Paiju Peak is a complex massif with a number of summits. Pakistani climbers led by A. Steck succeeded in climbing the principal summit for the first time in 1976.

▸ Mitre Peak, 6006 m, Pakistan
Nur seiner kühnen Form – aus zwei Perspektiven wirkt er in der Tat wie eine zweigipfelige, gigantische Bischofsmütze – verdankt der Mitre Peak seinen Ruhm. Umgeben von Sieben- und Achttausendern, erscheint er relativ niedrig und kann erst aus der Nähe ausgemacht werden. Vom Concordia-Gletscher aus wirkt er unnahbar, die brüchigen Felsen und steilen Schneerinnen lassen ihn dazu auch noch abweisend erscheinen. Trotzdem ist er schön. Wer den Gipfel als erster erreicht hat, bleibt umstritten, da wiederholt Besteigungsversuche ohne Genehmigung durchgeführt worden sind und folglich eine lückenlose Chronik fehlt.

▸ Mitre Peak, 6006 m, Pakistan
Cette montagne doit sa célébrité uniquement à sa curieuse forme qui, vue sous deux angles différents, rappelle réellement la coiffure d'un évêque. Entourée par des sept et des huit mille, elle ne semble pas très haute et ne peut se voir que de près. Vue du glacier de Concordia, elle semble inabordable; ses roches friables et ses couloirs de neige lui donnent de surcroît un aspect peu engageant. Et pourtant elle est belle. La question de savoir qui l'a conquise en premier reste controversée car il y a eu plusieurs tentatives d'escalade sans autorisation et on ne dispose donc pas de compte rendus fiables.

▸ Mitre Peak, 19,705 ft, Pakistan
This mountain is famous only for its shape – which, from two points of view, really does resemble that of a bishop's headdress – because, as it is surrounded by much higher peaks, it does not appear to be very high, and cannot be seen from a distance. Viewed from the Concordia Glacier, it makes an unapproachable impression, and its friable rock and snow gullies look uninviting. But it is nevertheless beautiful. The question of who brought off the first ascent is controversial, as there have been repeated attempts on the summit without permission, and so the records are unreliable.

▶ **K2, 8611 m, Pakistan/China**
Dieser schwierige Berg, die Einheimischen nennen ihn Chogori, bekam seinen sachlichen Namen 1856 im Rahmen der Vermessungsarbeiten durch das Survey of India. Häufig wird er auch nach seinem Entdecker Mount Godwin Austen genannt. Seine Mächtigkeit läßt sich besonders gut abschätzen, wenn man sich vor Augen führt, daß das Matterhorn 41mal Platz in ihm fände.
▼ **Gasherbrum II, 8035 m, Pakistan/China**
Die ebenmäßige Gipfelpyramide steht im Karakorum eher versteckt und ist weniger bekannt als ihre Nachbarn.

▲ **Gasherbrum II, 8035 m, Pakistan/Chine**
Un autre sommet pyramidal dans le Karakoram. Il est caché et moins connu.
▶ **K2, 8611 m, Pakistan/Chine**
Cette montagne difficile, que les autochtones appellent Chogori, a été baptisée d'un nom aussi peu poétique en 1856 dans le cadre de relevés topographiques par la Survey of India. On l'appelle souvent également Mount Godwin Austen du nom de celui qui l'a découverte. On a une idée de son immensité lorsqu'on se représente que le Cervin pourrait y entrer 41 fois.

▲ **Gasherbrum II, 26,362 ft, Pakistan/China**
Another important, pyramidal peak in the Karakorum. It is hidden away, and little-known.
▶ **K2, 28,253 ft, Pakistan/China**
This difficult mountain, called Chogori by the local population, was given its unromantic name in the course of the Survey of India in 1856. It is often also called Mount Godwin-Austen, after its discoverer. The size of this mountain, the second highest in the world, is more easily grasped if one realizes that the Matterhorn would fit into it 41 times.

◀ **Hidden Peak, 8068 m, Pakistan/China**
Der höchste der Gasherbrum-Gipfel bleibt lange verborgen, wenn man sich der gewaltigen Mauer der Gasherbrums von Westen, vom Baltoro-Gletscher aus, nähert. Erst vom oberen Abruzzi-Gletscher erscheint er als hoch aufragende Pyramide. Der von M. Conway geprägte Zweitname Hidden Peak (versteckter Gipfel) für Gasherbrum I hat sich inzwischen durchgesetzt. Wir sollten bei dieser Bezeichnung bleiben, um diesen Berg nicht dem Namen nach mit den Gasherbrum-Nachbarn zu verwechseln. Nach der ersten Besteigung 1958 ist der Berg inzwischen häufiges Ziel von Begehungen geworden. Von Pakistan aus darf er als völlig erschlossen angesehen werden.

◀ **Hidden Peak, 8068 m, Pakistan/Chine**
Le plus haut des sommets du Gasherbrum, appelé également Gasherbrum I, demeure longtemps caché lorsqu'on s'approche de l'immense massif du Gasherbrum par l'ouest, à partir du glacier du Baltoro. Ce n'est qu'à partir du glacier des Abruzzes supérieur qu'il apparaît comme une haute pyramide. Le deuxième nom d'Hidden Peak (sommet caché), qui lui a été donné par M. Conway, s'est imposé entretemps. Il convient de l'utiliser pour ne pas confondre cette montagne avec les montagnes voisines du Gasherbrum. Depuis sa conquête en 1958, ce sommet a été escaladé à maintes reprises et l'on peut considérer que toutes les voies ont été ouvertes à partir du Pakistan.

◀ **Hidden Peak, 26,470 ft, Pakistan/China**
The highest of the Gasherbrum peaks – it is also known as Gasherbrum I – remains hidden for a long time if one approaches the tremendous Gasherbrum massif from the West, from Baltoro Glacier. Its great pyramidal form is only fully visible from the upper Abruzzi Glacier. The name Hidden Peak, given to it by M. Conway, is now generally favoured; we should use it in order to avoid confusion with the neighbouring Gasherbrum mountains. It has been climbed frequently since the first ascent in 1958, and by now all the possible variations from the Pakistan side have been explored.

▸ **Broad Peak, 8047 m, Pakistan**
Er wird auch Falchen Kangri genannt und ist einer von mehreren Achttausendern, die im hinteren Baltoro-Gebiet stehen. Seine Form – breit und dreigipfelig baut er sich über dem Concordia-Gletscher auf – und seine Geschichte lassen ihn faszinierend erscheinen. 1957 stieg eine Gruppe von Bergsteigern im zweiten Anlauf zum Gipfel, nachdem sie den Weg ohne Trägerhilfe selbst vorbereitet hatten. Die bis heute kühnste Besteigung an diesem Berg gelang den beiden Polen V. Kurtyka und J. Kukuczka 1983, als sie in einer Überschreitung von Norden nach Westen alle drei Gipfel betraten. Ähnliche Überschreitungen werden das Höhenbergsteigen von morgen prägen.

▸ **Broad Peak, 8047 m, Pakistan**
Appelé également Falchen Kangri, c'est un des nombreux huit mille situés dans la région supérieure du Baltoro. Sa forme – il s'élève avec ses trois sommets en une large masse au-dessus du glacier de Concordia – et son histoire en font une montagne fascinante. En 1957, un groupe d'alpinistes parvint au sommet lors d'une deuxième tentative, après avoir préparé la voie seul, sans l'aide de porteurs. L'ascension la plus audacieuse jusqu'à présent de cette montagne a été réalisée par les deux grimpeurs polonais, V. Kurtyka et J. Kukuczka lorsqu'ils traversèrent les trois sommets de nord en ouest en 1983. Ce genre de traversée devrait à l'avenir marquer l'escalade de haute altitude.

▸ **Broad Peak, 26,401 ft, Pakistan**
Also called Falchen Kangri, this is one of a number of 8,000 m peaks (peaks from 26,247 ft) in the upper Baltoro region. Its form – with its triple peak it rises in a broad mass above the Concordia Glacier – and its history make it a fascinating mountain. In 1957 a group of mountaineers reached the summit in their second attempt, having prepared the way without the aid of porters. The most impressive ascent of this mountain so far was brought off by the two Polish climbers V. Kurtyka and J. Kukuczka in 1983, when they traversed all three peaks from north to west. Similar traverses are likely to dominate high-altitude climbing in the future.

Die Grenze

Wer von Grenze spricht, denkt an etwas, was außerhalb dieser Grenze ist. Es gibt immer etwas, was wir nicht können, was wir nicht träumen, was uns unzugänglich bleibt. Dann sind da noch »Gott« und »das Leben nach dem Tod«. Viele Menschen beschäftigen sich unentwegt mit diesen Fragen.
Wer diese Grenzen (von außen her) definieren will, muß gläubig sein. Mir reicht die Natur zum Verständnis der Welt. Es muß nicht zwingend ein Gott gedacht werden. Die Natur ist größer als wir. Ich erkenne dies an. Ich respektiere ihre Gesetze. Auch der Mensch ist größer, als wir rational denken können. Ob es außerhalb dieser Welt, die die Erde einschließt, eine Kraft gibt, die den Kosmos lenkt, oder nicht, soll meinetwegen dahingestellt sein. Ich finde es nicht wichtig für »mein« Verständnis. Ebenso wie mich die Frage nicht belastet, was nach diesem Jetzt-Zustand sein wird. Ob wir nach dem Tod einen anderen Zustand »leben«, finde ich im Moment nicht so aufregend wie das Jetzt. Eine Kraft außerhalb des Kosmos und Leben nach dem Tod, ich schließe beides nicht aus, und ich schließe es nicht mit ein. Wenn ich aktiv bin, gibt es diese existentiellen Fragen nicht mehr. Sie sind aufgehoben. Diese unmittelbaren Grenzen zeigen mir Begrenztheit und Unendlichkeit des Kosmos.

La limite

Celui qui parle de limite pense à ce qui se situe au-delà de cette limite. Il y a toujours quelque chose que nous ne pouvons pas, dont nous ne rêvons pas, qui demeure pour nous inaccessible. Il ne reste plus au delà que «Dieu» et «la vie après la mort». Nombreux sont ceux que ces questions préoccupent indéfiniment.
Quiconque veut définir ces limites (de l'extérieur) doit être croyant. La nature me suffit à comprendre le monde. Il ne faut pas obligatoirement croire en un dieu. La nature est plus grande que nous. Je reconnais cela. Je respecte ses lois. L'homme également est plus grand que nous ne pouvons le concevoir rationnellement. On peut fort bien se demander s'il existe en dehors du monde qui entoure la terre une force qui dirige ou non l'univers. Mais, en ce qui me concerne, cette question n'est pas importante pour «ma» compréhension. De même que je ne me préoccupe pas de savoir ce qu'il adviendra après l'état présent. La question de savoir si nous «vivrons» après la mort un autre état est pour le moment, en ce qui me concerne, moins passionnante que l'état présent. Une force au-delà de l'univers et une vie après la mort, je n'exclue ni l'une ni l'autre mais je ne les inclue pas non plus. Lorsque j'agis, ces questions existentielles n'existent pas. Elles sont classées. Ces limites immédiates me montrent la mesure et l'infinité de l'univers.

The frontier

People speaking of a frontier are usually thinking of what lies on the other side of it. There is always something that we cannot do, that we do not dream of, that is unattainable for us. Then there is "god", and the "life after death". Many people never cease thinking about these things.
Anyone wishing to define these frontiers (from the outside) must be a believer. Nature suffices for my understanding of the world. One does not necessarily have to believe in a god. Nature is greater than we are. I recognize this. I respect her laws. Man, too, is greater than our rational thoughts allow. Whether there is a power beyond this earth which controls the cosmos is a question that can be put to one side as far as I am concerned. It is not important for 'my' understanding of the world, any more than is the problem of what is to come after this present existence. I find the present more exciting than the question of whether there is another 'life' to come. A power beyond the cosmos, and life after death? – I do not exclude such possibilities, but neither do I include them in my considerations. Such existential questions disappear for me when I am active; they are suspended. Then the immediate frontiers to be faced show me the limitations and the infinity of the cosmos.

◄ **Gasherbrum IV, 7925 m, Pakistan**
Vor allem von Westen erscheint er als einmalige Felsgestalt. Gasherbrum übersetzen die Einheimischen mit »die leuchtende Wand«. Von den sechs Gasherbrum-Gipfeln ist dieser vierthöchste sicherlich der schönste, vielleicht auch der schwierigste. Der Durchstieg durch die Westwand 1986 gehört zu den kühnsten Pioniertaten im Karakorum, obwohl dabei der Hauptgipfel nicht erreicht werden konnte. Die Beteiligten kletterten tagelang an der Grenze zwischen Hinaufkommen und Umkommen.

◄ **Gasherbrum IV, 7925 m, Pakistan**
Vu de l'ouest, ce sommet apparaît comme une extraordinaire masse rocheuse. Les autochtones appellent le Gasherbrum «la muraille lumineuse». Des six sommets du Gasherbrum, c'est le quatrième pour la hauteur mais certainement le plus beau et peut-être aussi le plus difficile. La traversée par la face ouest en 1986 fait partie des premières les plus audacieuses réalisées dans le Karakoram bien que le sommet principal n'ait pu être atteint par les participants de l'expédition qui risquèrent leur vie.

◄ **Gasherbrum IV, 26,000 ft, Pakistan**
This peak is particularly imposing when seen from the west. In the local language Gasherbrum means "luminous wall", a concept well illustrated here. This, the fourth highest of the six Gasherbrum peaks, is certainly the most beautiful, and perhaps also the most difficult of them. The traverse through the West Face in 1986 was one of the most arduous and spectacular pioneering climbs in the Karakorum – despite the fact that the summit was not reached.

◀ **Masherbrum, 7821 m, Pakistan**
Dieser formschöne Doppelgipfel wirkt vor allem von Norden, vom Baltoro-Gletscher aus, entrückt. Aus dem Hushe-Tal im Süden ist der Berg leichter zu besteigen. Nach mehreren mißlungenen Versuchen gelang dies 1960 erstmals. Innerhalb von zwei Tagen erreichten zwei Bergsteigergruppen den Gipfel. Die Ersteigungsgeschichte dieses hohen Siebentausenders ist dramatisch, und es folgten bis heute nur wenige Wiederholungen. 1985 wurde die schwierige Nordwand von einer japanischen Expedition erstmals durchstiegen, wobei im oberen Teil die riesige Verschneidung (im Bild von rechts unten nach links oben) im Gipfelbereich die Schlüsselstelle darstellte.

◀ **Masherbrum, 7821 m, Pakistan**
Ce merveilleux sommet jumelé a un aspect irréel surtout vu du nord, à partir du glacier de Baltoro. On l'escalade plus facilement à partir de la vallée d'Hushe au sud. Après plusieurs tentatives infructueuses, la première ascension eut lieu en 1960. Dans l'espace de deux jours, deux groupes d'alpinistes atteignirent le sommet. L'histoire de l'escalade de ce sept mille est dramatique et, jusqu'à présent, il n'y a pas eu beaucoup de répétitions. En 1985, une expédition japonaise a traversé pour la première fois la face nord difficile. Dans cette escalade, l'immense arête près du sommet (qui, sur la photo, s'élève du bas droit vers la gauche) a joué un rôle clé.

◀ **Masherbrum, 25,660 ft, Pakistan**
Especially when seen from the north, from the Baltoro Glacier, this splendid twin summit makes an almost disembodied impression. It is easier to climb from the Hushe Valley, to the south. After a number of unsuccessful attempts the first ascent took place in 1960, when two groups reached the summit within a space of two days. The climbing history of this 25,000 ft mountain is dramatic, and there have so far not been many repeats. In 1985 a Japanese group traversed the difficult North Face for the first time. During this feat the huge groove near the peak (rising from bottom right in our picture) played a key part.

▼▶ Nanga Parbat, 8125 m, Pakistan
Der westliche Eckpfeiler des Himalaya, im Indusknie gelegen, ist einer der bekanntesten Berge der Welt. Die Einheimischen nennen ihn Nanga Parbat (»nackter Berg«) oder Diamir (»König der Berge«). Im deutschen Sprachraum gilt er vielen als der »Schicksalsberg der Deutschen«. 1953 stieg H. Buhl, vom letzten Lager aus, im Alleingang über die Nordseite als erster auf den Gipfel. 1970 durchkletterten mein Bruder Günther und ich die Rupalflanke (kleines Bild) im Zentralteil der Wand. Diese Route konnte bis heute nicht wiederholt werden.

▲▶ Nanga Parbat, 8125 m, Pakistan
Le pilier ouest de l'Himalaya est une des montagnes les plus connues du monde. Les Pakistanais l'appellent Nanga Parbat, «la Montagne nue», ou Diamir, «la Reine des montagnes». Dans le monde germanophone, elle est considérée comme une montagne fatale pour les Allemands. En 1953, H. Buhl grimpa en solo à partir du dernier camp sur la face nord et fut le premier à atteindre le sommet. En 1970, mon frère Günther et moi, nous escaladâmes le versant Rupal (petite photo) dans la partie centrale de la paroi. Jusqu'à maintenant, cet itinéraire n'a pu être répété.

▲▶ Nanga Parbat, 26,657 ft, Pakistan
The western buttress of the Himalayas, in the bend in the River Indus, is one of the world's best-known mountains. The local people call it Nanga Parbat – "naked mountain", or Diamir – "king of the mountains". In the German-speaking world it is widely regarded as a fateful mountain for the Germans. In 1953 H. Buhl climbed the North Face solo from the last camp, and became the first to reach the summit. In 1970 my brother Günther and I climbed the Rupal Flank (small picture) in the central part of the face. This route has not yet been repeated.

Grenzgänge

Einmal war ich im Hindukusch, 1972 am Noshaq. Bald möchte ich wieder dorthin. Warum suche ich immer wieder Grenzerfahrungen? Bin ich süchtig danach? Es ist nicht Angstlust, was mich antreibt. Auch der Ehrgeiz ist mit den Jahren gealtert und schwächer geworden. Ich suche »meine« Grenzen. Ich brauche diese »Grenzgänge«, wie ein anderer die Droge braucht. Immer wieder. Es interessiert mich wenig, was ich bisher erreicht habe. Was ich jetzt (vielleicht) erreichen kann, füllt mich aus, hält mich wach.
Diese »Droge Grenzgang« kostet Geld und Zeit. Vor allem, wenn man seine Grenze am Mount Everest gefunden hat.
Ohne Geld hätte ich mir meine Grenzgänge nicht leisten können. Ohne Geld kann ich keine Tickets kaufen, keine Träger bezahlen. Mit Geld kann ich auf den »schönsten Berg der Welt« steigen.
Bisher habe ich etwa fünfzig Reisen zu Bergen außerhalb Europas finanziert. Ich stecke mein Geld nicht in wirtschaftliche Unternehmungen, ich stecke es in meine Träume. Trotzdem sind dies keine Investitionen. Gewinn- und Verlustrechnungen liegen mir nicht. In der wirtschaftlichen Welt bin ich immer gescheitert. Ich bin kein Unternehmer. Um meine Ideen realisieren zu können, verkaufe ich einen Teil meiner Zeit, einen Teil meiner Energien, einen Teil von mir, um den Rest der Zeit ganz frei zu sein und alle meine Energien für meine Träume zu haben. Allerdings versuche ich, mir bei all dem selbst treu zu bleiben, mich niemandem anzubiedern.

◂ Tirich Mir, 7708 m, Pakistan
Der Tirich Mir in Chitral, im Norden von Pakistan gelegen, ist nicht nur der höchste Berg des Hindukusch, er ist auch einer der schönsten. Dieser hohe Siebentausender hat eine Anzahl von Gipfeln, die in den vergangenen zwanzig Jahren immer wieder, auch über schwierigste Routen, bestiegen worden sind. Die erste Besteigung des Hauptgipfels gelang 1950 einer norwegischen Expedition unter Leitung von A. Naess.

L'expérience de mes limites

J'ai été une fois en Hindû-Kûsh, en 1972 au Noshaq. Je voudrais y retourner bientôt. Pourquoi est-ce que je cherche toujours à faire l'expérience de mes limites? Est-ce une passion? Ce n'est pas le goût de la peur qui me pousse. Avec les années l'ambition également a diminué, s'est affaiblie. Je cherche «mes» limites. J'ai besoin de «franchir» mes limites comme un autre a besoin de drogue. Constamment. Ce que j'ai atteint jusqu'à présent m'intéresse moins. Ce que je pourrais (peut-être) atteindre maintenant me satisfait, me tient en éveil.
Cette drogue qu'est pour moi l'expérience de mes limites coûte de l'argent et du temps. Surtout lorsqu'on a trouvé ses limites au mont Everest. Sans argent, je n'aurais pu expérimenter mes limites. Sans argent, je ne pourrais pas acheter les billets d'avion, je ne pourrais pas payer les porteurs. Avec de l'argent, je peux escalader «la plus belle montagne du monde». Jusqu'à maintenant, j'ai financé une cinquantaine de voyages dans des montagnes à l'extérieur de l'Europe. Je ne mets pas mon argent dans des entreprises économiques, je le mets dans mes rêves. Néanmoins, ce ne sont pas des investissements. Je n'ai pas de goût pour les comptes de profits et pertes. J'ai toujours échoué dans le monde économique. Je ne suis pas un entrepreneur. Pour pouvoir réaliser mes idées, je vends une partie de mon temps, une partie de mon énergie, une partie de moi-même, pour être libre le reste du temps et avoir toute mon énergie pour réaliser mes rêves. Toutefois, j'essaye toujours de rester fidèle à moi-même et de préserver mon indépendance.

◂ Tirich Mir, 7708 m, Pakistan
Cette montagne du Chitral, dans le nord du Pakistan, n'est pas seulement la plus haute montagne de l'Hindû-Kûsh, c'est aussi l'une des plus belles. Ce sept mille a de nombreux sommets qui, au cours des vingt dernières années, ont été escaladés à plusieurs reprises parfois par les routes les plus difficiles. La première ascension du sommet principal a été réalisée en 1950 par une expédition norvégienne dirigée par A. Naess.

Crossing frontiers

I was once in the Hindu Kush: climbing Noshaq in 1972. I am hoping to go back there again soon. Why am I always in search of such extreme experiences? Am I "hooked"? It is not the love of fear that drives me. Ambition, too, has grown older and faded with the years. I seek "my" frontiers. I need to cross them, just as others need a drug. Again and again. I am scarcely interested in anything I have already achieved. It's what I can (perhaps) still achieve that fulfils me, keeps me on my toes. This "frontier-crossing drug" costs time and money – especially when one has found one's frontier on Mount Everest.
I could not have indulged my passion for frontier crossings without money. I would not be able to buy plane tickets or pay porters without money. Money enables me to climb the "world's greatest peaks".
So far I have financed about 50 trips outside Europe. I do not put my money into business enterprises, but into my dreams. And yet these are not investments. Profit and loss accounts do not appeal to me. I have always failed in the world of business. I am not an entrepreneur. In order to realize my ideas, I sell part of my time, part of my energies, part of myself, so that I can be completely free for the rest of the time and can expend all my energies on my dreams. Despite all this, I always try to remain true to myself, to maintain my independence.

◂ Tirich Mir, 25,289 ft, Pakistan
This mountain, in Chitral, north Pakistan, is not only the highest, but also one of the most beautiful in the Hindu Kush. It has a number of peaks which have frequently been climbed in the last twenty years, sometimes via the most difficult routes. The first ascent of the principal summit was by a Norwegian expedition led by A. Naess in 1950.

▶ **Shivling, 6543 m, Indien**
Schöner als Nanda Devi und Changabang, wenn auch nicht so hoch, ist der Shivling, der im Garhwal-Himalaya steht und häufig als das »Matterhorn des Himalaya« bezeichnet wird. Dieser heilige Berg ist nach seiner Erstbesteigung 1974 in jüngster Zeit häufig auch über schwierige Routen bestiegen worden.

▼ **Changabang, 6783 m, Indien**
Der höchste und einer der schönsten Berge des indischen Himalaya ist der Nanda Devi (7816 m) in der gleichnamigen Berggruppe. Ebenfalls dort steht der Changabang, der 1974 erstmals bestiegen wurde. Er ist wegen seiner steilen Felswände für viele Spitzenalpinisten von Interesse.

▶ **Shivling, 6543 m, Inde**
Plus beau que la Nanda Devi et le Changabang, quoique moins élevé, le Shivling, qui se trouve dans l'Himalaya du Garhwal, est souvent appelé le «Cervin de l'Himalaya». Depuis sa conquête en 1974, cette montagne sacrée a souvent été escaladée depuis par des routes difficiles.

▼ **Changabang, 6783 m, Inde**
La plus haute et l'une des plus belles montagnes de l'Himalaya indien est la Nanda Devi (7816 m) dans le massif du même nom où se trouve également le Changabang escaladé pour la première fois en 1974. Ses parois rocheuses abruptes la rendent particulièrement intéressante pour de nombreux grimpeurs de pointe.

▶ **Shivling, 21,467 ft, India**
More beautiful than Nanda Devi and Changabang, if not so high. Shivling is in the Garhwal section of the Himalayas, and is often called the "Matterhorn of the Himalayas". Since the first ascent in 1974, this sacred mountain has often been climbed via difficult routes.

▼ **Changabang, 22,254 ft, India**
The highest and one of the finest peaks in the Indian Himalayas is Nanda Devi (25,643 ft) in the group of the same name, to which Changabang, first scaled in 1974, also belongs. Its precipitous faces make it of special interest to many top-ranking alpinists.

▲ **Kailas, 6713 m, Tibet**
Im Transhimalaya steht dieser Konglomeratberg, der als männliches Symbol für den Ursprung der Erde »wie ein blauer Kristall in den tibetischen Himmel ragt«. Hierher kommen die Tibeter zum Meditieren. Milarepa, der verrückte Weise, soll den Gipfel vor knapp tausend Jahren auf einem Sonnenstrahl reitend erreicht haben. H. Ruttledge und seine Frau haben ihn 1926 als erste Europäer umwandert. R.C. Wilson kam bei einem Besteigungsversuch nicht weit. Für den Eroberungsbergsteiger sollte dieser Gipfel tabu bleiben.

▲ **Kailas, 6713 m, Tibet**
Cette montagne de conglomérat, considérée comme le symbole mâle de l'origine de la terre, qui «s'élève dans le ciel tibétain tel un cristal bleu» se trouve dans le Transhimalaya. Les Tibétains s'y rendent pour méditer. Milarepa, le sage fou, aurait atteint le sommet, voici mille ans, en chevauchant un rayon de soleil. H. Ruttledge et sa femme ont été les premiers Européens à en faire le tour en 1926. Lors de sa tentative d'escalade, R.C. Wilson n'alla pas loin. Pour l'alpiniste conquérant, ce sommet devrait rester tabou.

▲ **Kailas, 22,024 ft, Tibet**
This conglomerate mountain in the Trans-Himalaya, regarded as a male symbol for the origin of the earth, "rises into the Tibetan sky like a blue crystal". The Tibetans come here to meditate. Milarepa, the "mad seer", is said to have reached the summit a thousand years ago, riding on a sunray. H. Ruttledge and his wife were the first Europeans to walk round it in 1926. R.C. Wilson made the first assault on the summit, but did not get very far. This peak should be taboo for the "conquering hero" type of mountaineer.

Weit gehen

Das Gehen betrifft den ganzen Körper. Und den Geist. Ich genieße es, wenn ich weit und lange gehen kann. Auch wenn ich müde bin. Ich fühle mich wohl, wenn ich merke, weiter könntest du nicht gehen. Ich bin nicht ganz ich selber, wenn ich nicht ab und zu irgendwohin gehen kann. Dabei suche ich nicht irgendeine Gefahr. Es ist dieses Leerwerden im Gehen, das mich ausfüllt.
In Tibet bin ich um den Berg Kailas gegangen, vierzig Kilometer an einem Tag. Dieser Rundgang gehört zu den schönsten Wanderungen, die ich je gemacht habe.
Seit Jahrtausenden gehen die Tibeter um diesen Berg herum. Und von Indien pilgern Hinduisten dorthin, die mit den Lamaisten den Berg im Uhrzeigersinn umkreisen. Die Anhänger der älteren Bön-Religion umwandern ihn im Gegenuhrzeigersinn. Viele von ihnen gehen erst einmal wochen- und monatelang, um an diesen »heiligsten Berg der Welt« heranzukommen. Im Kailas erkennen die Einheimischen die imaginäre Achse der Erde.
In unserer technologischen Welt fehlen solche Symbole und damit das Bedürfnis, die Welt mit den eigenen Füßen auszumessen. Wir Bergsteiger und Forscher haben die Welt nicht nur aufgeschlüsselt, wir haben ihr die Seele ausgetrieben. Mit jeder Eroberung gingen Mythen verloren, die es zurückzuholen gilt, wenn wir weiterhin erkennend gehen wollen.

Aller loin

La marche engage tout le corps. Et l'esprit. J'ai plaisir à marcher loin et longtemps. Même lorsque je suis fatigué. J'ai plaisir à sentir que je pourrais pas faire un pas de plus. Je ne suis pas tout à fait moi-même lorsque je ne peux pas de temps à autre marcher quelque part. Je ne recherche pas là un danger quelconque. C'est ce vide intérieur qui se fait pendant la marche qui me satisfait.
Au Tibet, j'ai marché autour du pic Kailas, 40 kilomètres en une journée. Cette marche fait partie d'une des plus belles que j'ai jamais faites.
Depuis des millénaires les Tibétains font le tour de cette montagne. D'Inde, les hindouistes s'y rendent en pèlerinage et contournent la montagne avec les lamaïstes dans le sens des aiguilles d'une montre. Les adeptes de la religion bon, une religion primitive du Tibet, suivent eux le sens inverse des aiguilles d'une montre. Un grand nombre d'entre eux marchent pendant des semaines et des mois pour pouvoir arriver à «la montagne la plus sacrée du monde». Les aborigènes voient dans le Kailas l'axe imaginaire de la terre.
Notre monde technologique est dépourvu de tels symboles et ainsi du besoin de mesurer le monde avec ses propres pieds.

Hill walks

Walking affects the whole body. And the mind. I very much enjoy walking far and long, even when I am tired. I like to feel that I simply could not have walked another step. I'm not quite myself if I cannot walk somewhere every now and then. I don't go in search of danger. What satisfies me is the feeling that I have completely emptied myself by walking.
I once walked round Mount Kailas in Tibet: 24 miles in one day. It was one of the finest walks I've ever done. Walking round this mountain is an age-old custom in Tibet. And Hindu pilgrims come here from India to walk round the mountain in a clockwise direction with the Lamaists. Members of the older Bon religion walk around the mountain in an anticlockwise direction. Many of them first have to walk for weeks or even months on end to get to the "world's most sacred mountain". The Tibetans regard Kailas as the imaginary axis of the world.
Such symbols are lacking in our technological age, and with them the need to measure the world with our own feet.

◀▼ **Dhaulagiri, 8167 m, Nepal**
Lange Jahre hindurch (1810–1849) galt der Dhaulagiri, übersetzbar mit der »weiße Berg«, als der höchste Berg der Welt. Von allen Seiten scheint dieser Achttausender unnahbar. Besonders eindrucksvoll wirkt er von Süden (rechtes Bild) und von Osten (links) aus dem Kali-Gandaki-Tal. Erst nach zahlreichen Versuchen erreichte eine Schweizer Expedition 1960 erstmals den Gipfel, wobei gleich mehrere Seilschaften an verschiedenen Tagen zum höchsten Punkt gelangten. Ein halbes Dutzend unterschiedlicher Routen führen inzwischen auf diesen formschönen Gipfel.

◀▼ **Dhaulagiri, 8167 m, Népal**
Pendant longtemps (1810–1849), le Dhaulagiri, qui se traduit par «la Montagne blanche», a été considéré comme le plus haut sommet du monde. De tous les côtés, ce huit mille semble inattaquable. Il est particulièrement impressionnant vu du sud (photo de droite) et de l'est (à gauche) à partir de la vallée de la Kali-Gandaki. Ce n'est qu'après de nombreuses tentatives qu'une expédition suisse a réussi la première ascension du sommet en 1960, plusieurs cordées ayant atteint le plus haut point à différents jours. Une demi-douzaine de routes différentes mènent entretemps à ce beau sommet.

◀▼ **Dhaulagiri, 26,795 ft, Nepal**
For a long time (1810–1849), Dhaulagiri, which translates as "white mountain", was considered the world's highest peak. It looks unapproachable from all sides. It is particularly imposing when seen from the south (right-hand picture), and from the Kali-Gandaki Valley in the east (left-hand picture). After many unsuccessful attempts, a Swiss expedition reached the summit in 1960, with several ropes arriving at the top on various days. In the meantime half a dozen routes to this fine peak have been made.

Gefahren

Ich gehe der Gefahr aus dem Weg. Aber ich suche Situationen, in denen ich umkommen könnte. Das ist kein Widerspruch. Die Kunst beim Bergsteigen besteht darin, nicht umzukommen. Dieses Spiel brauche ich, man kann es Abenteuer nennen. Früher bin ich an jedem Wochenende zum Klettern gegangen. Dann war ich sommerlang fast ununterbrochen im steilen Fels unterwegs. Jetzt suche ich zwei- oder dreimal im Jahr eine Grenzsituation in den großen Gebirgen der Erde. Mehr als zwei- oder dreimal will ich es nicht wagen. Ich »will das Schicksal nicht herausfordern«. Das hat nichts mit Aberglauben zu tun. Jeder hat nur eine bestimmte Portion »Glück« zur Verfügung. Ich darf es nicht strapazieren. Ich bin nicht perfekt, kann also nicht allen Gefahren ausweichen. Und zudem suche ich immer neue Gebiete auf, wo Fremdheit möglich ist. Ich bin heute ausdauernder und seelisch viel ruhiger als früher. Aber ich bin nicht mehr so geschickt. Ich kann Einsamkeit besser ertragen oder mich von ihr tragen lassen. Es bleiben also viele Möglichkeiten offen, nicht in die Falle zu tappen, zu überleben.
Noch kann ich nicht alles. Ich bin erst am Anfang dessen, was ich wissen möchte. An Ideen fehlt es mir nicht, Gefahren kann ich begegnen, wenn ich mich auf den Weg mache – in die Wüste, auf den Muztagh Tower, in eine große Dolomiten-Wand.

Dangers

J'évite le danger. Mais je recherche des situations dans lesquelles je pourrais trouver la mort. Ce n'est pas une contradiction. Dans l'alpinisme l'art consiste à ne pas périr. C'est un jeu dont j'ai besoin et que l'on pourrait appeler aventure. Autrefois, je faisais de l'escalade rocheuse chaque week-end. Puis j'en ai fait pendant des étés entiers. Aujourd'hui, je recherche deux ou trois fois par an une situation limite dans les grands massifs de la terre. Je ne m'y risque pas plus de deux ou trois fois. Je ne «veux pas défier le destin». Cela n'a rien à voir avec de la superstition. Mais nous ne disposons que d'une certaine portion de «chance» dans la vie et je ne veux pas l'épuiser. Je ne suis pas parfait et je ne peux donc esquiver tous les dangers. De surcroît, je recherche toujours de nouveaux domaines de dépaysement. Aujourd'hui, je suis beaucoup plus endurant et beaucoup plus équilibré psychiquement qu'autrefois. Mais je ne suis plus aussi habile. Je peux mieux supporter la solitude et même m'en enrichir. Il me reste encore beaucoup de possibilités pour ne pas tomber dans le piège, pour survivre. Je ne peux pas tout encore. Je ne suis qu'au seuil de la connaissance. Les idées ne me manquent pas, je peux affronter les dangers lorsque je me mets en route – dans le désert, sur le Muztagh Tower, dans une grande paroi des Dolomites.

Hazards

I avoid hazards. But I seek situations in which I could be killed. This is not a contradiction. The art of mountaineering consists in not being killed. This is a game that I need – it could be called adventure. At one time I used to go rock-climbing every weekend. Then I spent whole summers at it. Now I go in search of a hazardous situation among the great mountains of the world two or three times a year. I do not risk it more than two or three times. I do not want to "tempt providence". This has nothing to do with superstition – but everyone has only a limited "ration of luck", and I don't want to overdo it. I'm not perfect, and so I cannot avoid all dangers. And, furthermore, I always go to new, unfamiliar regions.
Today I have more stamina and am spiritually much more balanced than I used to be, but I am no longer as adroit. I can bear solitude more easily, even profit from it. So many ways of evading traps, of surviving, remain. I still can't do everything. I am only knocking at the door of knowledge. But I am not lacking in ideas, I can face hazards when setting out – into the desert, up the Muztagh Tower, up one of the great Dolomite faces.

▸ Muztagh Tower, 7273 m, Pakistan
Seit knapp einem Jahrhundert kennen ihn die Alpinisten. In allen Archiven liegen Bilder von diesem einmaligen Felsturm. Erst 1956 glückte eine erste Besteigung: Eine britische Gruppe erreichte im Wettstreit mit einer französischen zuerst den Hauptgipfel von Westen. Die Franzosen erkletterten fünf Tage später den Berg von der Gegenseite, über den Südostgrat.

▸ Muztagh Tower, 7273 m, Pakistan
Cette extraordinaire tour rocheuse est connue depuis près d'un siècle par les alpinistes et on en trouve des photos dans toutes les archives. Ce n'est qu'en 1956 qu'elle fut conquise: une expédition britannique rivalisant de vitesse avec un groupe français atteignit la première le sommet principal à partir de l'ouest. Les Français n'y parvinrent que cinq jours plus tard par le versant opposé, l'arête sud-est.

▸ Muztagh Tower, 23,862 ft, Pakistan
Known to alpinists for almost a century. Pictures of this unique rock tower are to be found in all photographic libraries. The first ascent did not take place till 1956: a British group raced a French expedition to the summit, climbing from the west. The French arrived at the top five days later via the south-east ridge.

Annapurna I, 8091 m, Nepal
Der höchste Gipfel dieses gewaltigen Massivs zählt zu den 14 höchsten Bergen der Welt. 1950 glückte zwei Franzosen von Norden (kleines Bild) die erste Begehung eines Achttausenders. Zwanzig Jahre später kletterte eine Gruppe britischer und amerikanischer Bergsteiger durch die Südwand dieses Berges (großes Bild), wobei die erste extrem schwierige Achttausenderwand »erobert« werden konnte. Der Gipfel kann aus den umliegenden Tälern nur schwer ausgemacht werden. Sein Anblick aus nächster Nähe ist um so faszinierender.

Annapurna I, 8091 m, Népal
Le plus haut sommet de l'immense massif de l'Annapurna. Il fait partie des 14 huit mille. En 1950, deux Français réussirent à le vaincre par le nord (petite photo) et réalisèrent ainsi la première ascension d'un huit mille. Vingt ans plus tard, un groupe de grimpeurs britanniques et américains escaladèrent la face sud (grande photo) et devinrent les premiers à avoir «conquis» la première face extrêmement redoutable d'un huit mille. Le sommet étant très difficile à voir des vallées avoisinantes, il n'en est que plus fascinant

Annapurna I, 26,545 ft, Nepal
An immense massif. Its principal summit, Annapurna I, is one of the world's 14 8,000 m peaks. In 1950 two Frenchmen succeeded in reaching the summit from the north (small picture), and thus became the first ever to climb an 8,000 m peak. Twenty years later a British-American group climbed the South Face (large picture), becoming the first to "conquer" an extremely difficult face on an 8,000 m mountain. The fact that its summit can scarcely be seen from the surrounding valleys makes a close-up view

Die Natur als Gott

Wie oft bin ich gefragt worden, ob ich an Gott glaube. Es ist eine einfache Frage. So einfach diese Frage aber ist, so kompliziert ist es, eine eindeutige Antwort zu geben. Glaube ich an einen Gott?
Nicht im üblichen Sinne. Gott ist in meinem Weltbild nicht zwingend notwendig. Wir haben Gott nicht abgebildet, und ich möchte ihn auch nicht definieren müssen. Da gibt es für mich keine Figur außerhalb des Kosmos, die ich mir als Gott vorstellen könnte. Glauben kann ich also nicht. Ich schiebe diese Frage auch nicht auf. Ich lasse sie offen. Ich habe nicht den Wunsch, mein Leben von »Gott« bestimmt zu sehen. Mein Leben entwickelt sich im Moment, ohne daß ein »Gott« da wäre oder nicht da sein könnte oder da sein müßte. Ich lasse dies dahingestellt.
Auf keinem der hohen Berge habe ich mich Gott näher gefühlt, wohl aber mir selbst und der Natur. In dieser Natur nun ahne ich all die Kräfte und Gesetzmäßigkeiten, die irgendein Gott der Erde gegeben haben könnte. Und mir reicht diese Tatsache zum Verständnis der Welt und zu meinem Selbstverständnis.
Ich bin kein gottloser Mensch und bete, indem ich gehe, steige, schaue. Mein Bergsteigen also ist meine Art der Religionsausübung.

◀ **Machapucharē, 6997 m, Nepal**
Von Pokhara in Nepal aus ist er unvergleichlich schön. Wer möchte da nicht hinauf? Und doch ist dieser Gipfel bis heute unbestiegen. 1957 kam man bis auf wenige Seillängen an den Gipfel heran. Nachher wurde dieser Berg »verboten«. Der Machapucharē ist nicht »heiliger« als andere Berge im Himalaya. Er ist vielleicht schöner, und es ist faszinierend zu wissen, daß da noch niemand oben war.

La nature comme Dieu

Combien de fois ne m'a-t-on pas demandé si je croyais en Dieu. C'est une question simple. Mais aussi simple que soit cette question, aussi compliqué est-il de lui donner une réponse claire. Est-ce que je crois en un Dieu?
Pas dans le sens courant du terme. Dans ma conception du monde, Dieu n'est pas absolument nécessaire. Il n'y a pas de portrait de Dieu et je ne voudrais également pas avoir à le définir. Il n'existe pas pour moi de figure en-dehors du cosmos que je pourrais me représenter comme Dieu. Je ne peux donc pas croire. Je ne repousse pas pour autant cette question. Je la laisse en suspens. Je ne souhaite pas que «Dieu» détermine ma vie. Ma vie se déroule dans le moment sans qu'un «Dieu» soit ou puisse être présent ou doive être présent. Je laisse cela en suspens.
Sur aucun des hauts sommets je ne me suis senti plus près de Dieu, mais je me suis senti plus près de moi et de la nature. C'est dans cette nature que je pressens toutes les forces et toutes les lois qu'un dieu quelconque aurait pu donner à cette terre. Et ce fait me suffit pour comprendre le monde et me comprendre moi-même.
Je ne suis pas athée et je prie pendant que je marche, que je grimpe, que je contemple. Mes escalades sont donc pour moi une forme de dévotion.

◀ **Machapucharē, 6997 m, Népal**
Vue de Pokhara au Népal, cette montagne est d'une beauté incomparable. Qui n'aimerait pas y grimper? Et pourtant ce sommet n'a pas été escaladé jusqu'à maintenant. En 1957, une expédition est arrivée à quelques longueurs de corde du sommet. Après cette tentative, la montagne a été «interdite». Le Machapucharē n'est pas plus «sacré» que d'autres montagnes de l'Himalaya. Il est peut-être plus beau et il est fascinant de savoir que personne n'a jamais été jusqu'à son sommet.

Nature as God

I am frequently asked if I believe in god. It is a simple question. But simple though the question is, it is not easy to answer unequivocally. Do I believe in god?
Not in the ordinary sense. God is not an essential part of my philosophy. There is no such thing as an authentic picture of god, and I would not like to have to define the meaning of the word. I cannot imagine any figure outside this cosmos that might be god. So I cannot believe. It is not that I want to avoid the question. I simply put it to one side. I have no desire to see my life being determined by "god". My life takes place in the present moment, independent of whether a "god" exists, or does not exist, or needs to exist. I leave it open.
I have never felt nearer to god on any high mountain, but I have felt nearer to myself and to nature. In nature I can sense all the forces and laws which some god might have imposed on the earth. And this fact is sufficient for my understanding of the world and of myself.
I am not a godless person, and I do pray in that I walk, climb, observe. Mountaineering is my form of piety.

◀ **Machapucharē, 22,956 ft, Nepal**
Seen from Pokhara in Nepal, this mountain is unrivalled in its beauty. Who would not like to climb it? And yet it remains unclimbed to this day. In 1957 a group got to within a few rope's lengths of the summit. After this all attempts were forbidden. Machapucharē is no more "sacred" than other Himalayan mountains, but it is, perhaps, more beautiful, and it is certainly fascinating to know that no one has ever been to the top.

▶ **Ganesh Himal, 7406 m, Nepal**
Der höchste Gipfel im Ganesh-Himalaya, östlich des Marsiandi-Buri-Gandaki-Tales, ist mehr als siebentausend Meter hoch und in seiner Form einmalig. 1955 wurde dieser Gipfel erstmals bestiegen. An diesen wie auch an anderen Siebentausendern im nepalesischen Himalaya bieten sich noch zahlreiche Erstbegehungsmöglichkeiten an. Viele neue Routen können gefunden und geklettert werden. Während die Achttausender inzwischen überlaufen und übererschlossen sind, bleiben viele Möglichkeiten an den Siebentausendern unbeachtet.

▶ **Ganesh Himal, 7406 m, Népal**
Le plus haut sommet de l'Himalaya du Ganesh, à l'est de la vallée de la Marsiandi-Buri-Gandaki a plus de sept mille mètres d'altitude et a une forme merveilleuse. Il a été escaladé pour la première fois en 1955. Comme d'autres sept mille de l'Himalaya du Népal, il offre encore d'innombrables possibilités de premières. De nombreuses nouvelles routes peuvent être trouvées et escaladées. Tandis que les huit mille sont entretemps envahis et surexploités, les nombreuses possibilités offertes par les sept mille sont ignorées.

▶ **Ganesh Himal, 24,298 ft, Nepal**
The highest peak in the Ganesh Himalaya, to the east of the Marsiandi-Buri-Gandaki Valley, is over 24,000 ft high and splendidly shaped. The first ascent took place in 1955. This and many other 7,000 m mountains in the Nepal Himalaya still offer numerous "firsts": many new routes could be found and climbed. The fact is, that while the 8,000 m peaks are overrun and over-exploited, the 7,000 m mountains are ignored.

Manaslu, 8156 m, Nepal
Wer im Flugzeug von Kathmandu nach Pokhara fliegt, kann bei schönem Wetter im Nordosten die spitze Gipfelpyramide des Manaslu sehen. Eindeutig ragt er über alle anderen hinaus. Aber auch von Osten (beide Bilder) und Westen besticht dieser Achttausender. 1956 wurde er im Rahmen einer großangelegten japanischen Expedition von Norden erstmals bestiegen. Ein halbes Dutzend Routen führen inzwischen auf diesen Gipfel.

Manaslu, 8156 m, Népal
Quand on prend l'avion de Kâtmându à Pokhara, on peut apercevoir par beau temps au nord-est la pyramide pointue du sommet du Manaslu qui s'élève distinctement au-dessus de toutes les autres montagnes. Mais ce huit mille est également impressionnant vu de l'est (les deux photos) et de l'ouest. Il a été vaincu pour la première fois en 1956 par le versant nord dans le cadre d'une grande expédition japonaise. Entretemps, une demi-douzaine d'itinéraires condui-

Manaslu, 26,758 ft, Nepal
In fine weather a flight from Kathmandu to Pokhara provides a view of Manaslu's pointed pyramidal peak. It rises distinctly above all the surrounding mountains. But this mountain is also imposing from the east (both pictures) and from the west. It was first climbed, from the north, in 1956 in the course of a large-scale Japanese expedition. By

◀▼ Cho Oyu, 8153 m, Nepal/China
Der Grenzberg zwischen Nepal und Tibet, das heute zu China gehört, besticht erst aus der Nähe, und zwar gleichermaßen von Süden (großes Bild), von Westen (kleines Bild) und von Norden. Die erste Besteigung 1954 ist deshalb von Bedeutung, weil es erstmals einer Kleinexpedition gelang, einen so hohen Berg zu »erobern«. Inzwischen ist dieser »leichte Achttausender« Jahr für Jahr Ziel organisierter Gruppenreisen.

◀▲ Cho Oyu, 8153 m, Népal/Chine
Ce huit mille à la frontière entre le Népal et le Tibet, qui appartient aujourd'hui à la Chine, n'est impressionnant que de près mais alors aussi bien vu du sud (grande photo) que de l'ouest (petite photo) et du nord. La première ascension en 1954 a été importante parce que c'était la première fois qu'une petite expédition parvenait à «conquérir» une montagne aussi haute. Depuis, ce «huit mille facile» est chaque année le but de voyages organisés en groupe.

◀▲ Cho Oyu, 26,750 ft, Nepal/China
This great mountain on the border between Nepal and Tibet (which now belongs to China) is only impressive from close up, and then equally so from the south (large picture), the west (small picture), and the north. The first ascent in 1954 was an important one because it was the first time that a small expedition succeeded in "conquering" such a high mountain. In the meantime, this "easy" 8,000 m peak has become the goal of organized travel groups every year.

Abenteuer

Das Wort Abenteuer ist verbraucht, ausgehöhlt, ohne Inhalt. Heute kann jeder eine Reise buchen, die als »Abenteuer« verkauft wird. Das organisierte Abenteuer aber ist ein Widerspruch in sich. Das Abenteuer im Angebot soll nur eine bestimmte Klientel ansprechen, die Möchtegern-Eroberer. Abenteuer also nur als Anreiz im Katalog und als Prahlerei hinterher.
Leider ist es oft so.
Der Begriff Abenteuer ist für mich mit Tat, Neugierde, Risiko, Wildnis gefüllt. Wenn ich vor Rätseln stehe, vor Problemen, vor Unbekanntem, beginnt ein Abenteuer; wenn ich mir Minute für Minute, Schritt für Schritt die Welt neu »erobern« muß, lebe ich ein Abenteuer; in jedem Fall komme ich aus einem Abenteuer als anderer hervor. Dieses Umgekrempelt-Werden ist es auch, das mich immer wieder aufbrechen läßt. Dieser Zugang zur Welt und zu mir selbst ist Voraussetzung für ein Abenteuer. Und noch etwas: eine unaufgeschlüsselte Welt und eine gute Portion Neugierde. Was ich gut kenne, was innerhalb meines Bereiches liegt, gehört für mich nicht mehr in den Bereich möglicher Abenteuer. Was ich kenne, macht mich auch nicht neugierig. Auch weil ich weiß, wie man sich auf den Bergen verhält, gehe ich jetzt in die Wüste. Ich werde die Bergsteigerei nicht an den Nagel hängen, ich werde sie aber mit weniger Intensität betreiben. In Zukunft will ich in Gebiete gehen, wo ich noch nicht war; ich will Abenteuer suchen, von denen ich noch keine Ahnung habe. Ich werde irgendwo bei Null wieder anfangen müssen, um die Erkenntnisse zu finden, die mir im Spannungsfeld zwischen vertrauter und abweisender Natur zuwachsen.

L’aventure

Le terme d’aventure est galvaudé, dénué de sens, sans contenu. Aujourd’hui, chacun peut s’inscrire pour un voyage vendu sous le label d’«aventure». Mais «l’aventure» organisée est une contradiction en soi. «L’aventure» proposée par les agences de voyages ne s’adresse qu’à une certaine clientèle, aux prétendus conquérants. Cette «aventure» est donc uniquement une offre aguichante dans les catalogues et fournit par la suite matière à vantardises. Malheureusement, il en est souvent ainsi.
En ce qui me concerne la notion d’aventure est empreinte d’action, de curiosité, de risque, de nature sauvage. Lorsque je suis devant une énigme, devant des problèmes, devant l’inconnu, c’est une aventure qui commence; lorsque je dois, minute après minute, pas après pas, «conquérir» à nouveau le monde, je vis une aventure; dans tous les cas je sors différent d’une aventure. Le besoin de changement total est également ce qui me pousse à partir. Cet accès au monde et à moi-même est la condition de l’aventure. Une aventure pour laquelle il faut aussi un monde encore inconnu et une bonne dose de curiosité. Ce que je connais bien, ce qui fait partie de mon domaine ne se situe plus dans le domaine de l’aventure possible. Ce que je connais n’éveille également pas ma curiosité. C’est aussi parce que je sens comment on se comporte dans la montagne que je vais à présent dans le désert. Je n’abandonnerai pas l’alpinisme mais je le pratiquerai avec moins d’intensité. A l’avenir, je veux aller dans des régions où je n’étais pas encore, dont je n’ai encore aucune idée. Il me faudra quelque part recommencer à zéro pour acquérir les connaissances que j’obtiens dans le champ de tension entre une nature familière et une nature inconnue.

Adventure

The word “adventure” is overworked, hollowed out, drained of meaning. Today everyone can book a holiday trip which is sold as “adventure”. But organized adventure is a contradiction in terms. The word “adventure” in the travel brochure addresses a certain clientele of would-be conquerors. Here “adventure” is simply an eye-catcher in the catalogue and provides the opportunity for boasting later on.
This is unfortunately often the case.
For me, the term “adventure” implies action, curiosity, risk, and wilderness. For me, adventure begins when I am faced with mysteries, with problems, with the unknown; when I have to “reconquer” the world every minute, step by step – then I truly experience an adventure; in any case, I emerge from every adventure as a different person. It’s being turned inside out like this that attracts me and makes me set off again and again. For me, such access to the world and to myself is a prerequisite for adventure, as are: unexplored territory and a good portion of curiosity. Anything that I know well, and that lies within my normal sphere, lies outside the realm of possible adventure. I am not curious about things I know. It is because I know how to cope in the mountains that I now go into the desert. I shall not give up mountaineering altogether, but I shall pursue it less intensively. In future I intend to visit regions I have not been to before, to seek a new kind of adventure. I will have to start from the beginning again in order to acquire the insight which derives from the tension between familiar and hostile nature.

▲ **Pik Khan-Tengri, 6995 m, UdSSR**
Im Tien-Schan-Gebirge steht diese formvollendete Pyramide aus Fels und Eis. Der Berg wurde 1902 von G. Merzbacher entdeckt und gilt heute als fünfter Siebentausender der Sowjetunion, obwohl er nicht ganz 7000 Meter hoch ist. Ob 1931 nur der Vorgipfel oder der Hauptgipfel bestiegen worden ist, bleibt umstritten. 1936 jedenfalls kletterten drei kasachische Alpinisten auf diesen phantastischen Berg an der Grenze zwischen China und der UdSSR.

▲ **Pik Khan-Tengri, 6995 m, URSS**
Cette pyramide parfaite de roche et de glace fait partie des monts du T'ien-Shan. Elle a été découverte en 1902 par G.Merzbacher et passe aujourd'hui pour être le cinquième sept mille en Union soviétique bien qu'elle n'ait pas tout à fait 7000 mètres. La question de savoir si, en 1931, c'est le sommet principal ou un sommet secondaire qui a été escaladé est controversée. En 1936 en tout cas, trois alpinistes kazhaks ont escaladé cette montagne fantastique à la frontière entre la Chine et l'URSS.

▲ **Pik Khan-Tengri, 22,949 ft, USSR**
A perfectly shaped pyramid of ice and rock, Khan-Tengri is part of the Tien Shan Mountains. It was discovered by G. Merzbacher in 1902, and today is regarded as the fifth 7,000 m peak in the Soviet Union, although it is just below that figure in height. The question of whether the principal summit or only the minor one was reached in 1931 is a matter of controversy, but in any case this fantastic peak on the border between China and the USSR was scaled in 1936 by three Kazakh mountaineers.

◀▼ **Pumori, 7145 m, Nepal/China**
Unmittelbar über dem Südbasislager des Mount Everest steht der Pumori, der als »schönster Berg der Welt« in die Literatur eingegangen ist. Als gleichmäßige Pyramide wirkt er von Süden. Im Nordosten hängt er über einen Grat mit der Hauptkette des Himalaya zusammen. Über diese Seite ist der schwierig erscheinende Berg 1962 erstmals erklettert worden. Heute ist dieser Gipfel einer der meistbestiegenen Siebentausender im Himalaya.

◀▲ **Pumori, 7145 m, Népal/Chine**
Celle que l'on appelle «la plus belle montagne du monde» s'élève directement au-dessus du camp de la base sud du mont Everest. Vue du sud, elle se présente comme une pyramide régulière. Au nord-est, elle est reliée par une arête à la chaîne principale de l'Himalaya. C'est par cette face que ce sommet d'aspect difficile a été escaladé pour la première fois en 1962. Aujourd'hui, c'est un des sept mille les plus escaladés dans l'Himalaya.

◀▲ **Pumori, 23,442 ft, Nepal/China**
Pumori, which has been called "the world's most beautiful mountain", rises directly above the southern base camp of Mount Everest. The southern aspect presents a regular pyramid. To the north-east it is connected by a ridge with the main Himalayan chain. It was from the north-east that this difficult-looking peak was first climbed in 1962. Today it is one of the most frequently climbed 7,000 m mountains in the Himalayas.

◄▼ Mount Everest, 8848 m, Nepal/China
Der höchste Berg der Welt ist auch schön. Besonders von Norden (großes Bild), wo sich in den Jahren zwischen 1921 und 1937 wiederholt britische Expeditionen für den Aufstieg rüsteten. Sieht dieser von den Tibetern Chomolungma genannte Berg nicht erhaben aus? Kein Vogel könnte seinen Gipfel überfliegen, heißt es in der tibetischen Mythologie. Steiler ist der Berg von Süden (kleines Bild, von den Nepalesen als Sagarmatha bezeichnet). Von hier aus konnte der Gipfel 1953 erstmals bestiegen werden.

◄▲ Mont Everest, 8848 m, Népal/Chine
La plus haute montagne du monde est également belle. En particulier vue du nord (grande photo) où de 1921 à 1937 des expéditions britanniques ont tenté l'assaut à plusieurs reprises. N'a-t-elle pas un aspect noble cette montagne que les Tibétains appellent Chomolungma? Aucun oiseau ne pouvait survoler son sommet, dit la mythologie tibétaine. La face sud de l'Everest (petite photo), appelée Sagarmatha par les Népalais, est plus abrupte. C'est d'ici que le sommet a pu être escaladé pour la première fois en 1953.

◄▲ Mount Everest, 29,028 ft, Nepal/China
The world's highest mountain is also beautiful – especially from the north (large picture), where in the years between 1921 and 1937 a number of British expeditions attempted the ascent. How noble this mountain – called Chomo Lungma by the Tibetans – looks! Tibetan myths say that no bird could fly over its summit. The southern side of Everest (small picture), called Sagarmatha by the Nepalese, is steeper. It was from here that a British expedition finally reached the summit in 1953.

Ängste

Vielleicht war Milarepa ein sorgloser und freier Mensch, als er am Fuße des Mount Everest meditierte. Ich bin es nicht. Vor allem vor dem Aufbruch zu neuen Abenteuern erlebe ich Zweifel und Ängste. Aber auch daheim.
Ich habe konkrete Ängste und immer wieder andere. Da ist vor allem der Alltagsstreß. Der höhlt mich aus. Da ich die Bürokratie in Mitteleuropa hasse und trotzdem mitmachen muß, vergeude ich viel Energie, die ich, schöpferisch arbeitend, positiv einsetzen könnte. Nachts im Halbschlaf oder beim Aufwachen erlebe ich diese »praktischen Lebenszwänge« als Lähmung. Sonst lebe ich den Moment und relativ angstfrei.Ich bin oft so ins Leben vertieft, daß ich den Rest vergesse.
Die Ängste vor meinen Abenteuern sind anderer Art. Sie beginnen schon daheim und gehören dazu. Ich lebe mit ihnen, überwinde sie nicht. Wenn ich in eine unbekannte Welt vorstoße, gehören Ängste dazu. Ohne diese Vorahnungen und Ängste ist ein Grenzabenteuer kein Grenzabenteuer. Und man kann nicht viel dabei lernen.
Unterwegs dann sind die Ängste sekundär. Der momentane Schreck, wenn man in eine Spalte einbricht oder ein Griff sich löst, verflüchtigt sich schnell. Die Angst, das Zelt könnte reißen, vergeht mit dem ersten Licht am Morgen, und die Sorge, vom Gipfel nicht wieder ins Tal zurückzufinden, schwindet bei jedem Schritt abwärts.
Die Angst vor der Angst ist es, die lähmt, und nicht die Ahnung, vielleicht ums Leben zu kommen.

Les peurs

Milarepa était peut-être un homme insouciant et libre lorsqu'il méditait au pied du mont Everest. Je ne le suis pas. Je connais le doute et l'anxiété surtout avant de m'engager dans de nouvelles aventures. Et chez moi également.
J'ai des peurs concrètes mais qui ne sont pas toujours les mêmes. Il y a surtout le stress quotidien. Il me tue. Comme j'exècre la bureaucratie en Europe centrale et que je dois quand même m'en accommoder, je gaspille beaucoup d'énergie que je pourrais utiliser dans un travail créateur, de façon positive. La nuit, dans mon demi-sommeil ou au réveil, je ressens ces «contraintes pratiques de la vie» comme une paralysie. Sinon je vis dans le moment présent et je ne suis guère anxieux. Je suis souvent tellement pris par la vie que j'en oublie le reste.
Les peurs que j'éprouve avant mes aventures sont d'une autre nature. Elles commencent déjà chez moi et font partie de l'aventure. Je vis avec ces peurs, je ne les surmonte pas. Lorsque je pénètre dans un monde inconnu, les peurs en font partie. Sans ces prémonitions et ces peurs, l'aventure qui consiste à aller au-delà de ses limites n'en serait pas une. Et il n'y aurait pas grand-chose à en retirer.
En chemin, les peurs deviennent accessoires. La frayeur momentanée, lorsqu'on s'enfonce dans une crevasse ou lorsqu'une prise lâche, s'évanouit rapidement. La crainte que la tente pourrait se déchirer disparaît aux premières lueurs de l'aube et l'angoisse de ne plus pouvoir redescendre dans la vallée se dissipe à chaque pas que l'on fait pour descendre.
La peur de la peur est ce qui paralyse – et non pas l'idée que l'on pourrait peut-être mourir.

Fears

Maybe Milarepa was free of all care when he was meditating at the foot of Mount Everest. I am not. I experience all kinds of doubts and fears, especially when I'm setting off on a new adventure. But also at home.
I have concrete fears, and they change all the time. I find the stress of everyday life, for instance, exhausting. As I hate the bureaucracy that prevails in central Europe and nevertheless have to go along with it, I waste a great deal of energy that could otherwise be used for creative, positive purposes. At nighttime, when half asleep, or when waking up, I feel numbed by the "practical everyday necessities" of life. Otherwise I live for the moment, and am relatively free of fear. I am often so deeply immersed in life that I forget everything else.
The fears that prelude an adventure are of a different nature. They already begin at home, and are part of the whole "package". I live with these fears, accept them. When I venture into a new world, fears are part of it. Without such forebodings and fears an adventure would not be worthy of the name, and there would be nothing to learn from it.
The fears become secondary once the adventure has started. The momentary shock when you break into a crevasse, or when a hold slips, is soon over. The fear that the tent might tear passes with the light of dawn, and the fear of not being able to find your way down again from the summit fades with every downward step.
It is fear of fear that is numbing – and not the thought of possibly being killed.

▸ Lhotse, 8511 m, Nepal/China
Genaugenommen ist er ein Nebengipfel des Mount Everest. Er ist dem höchsten Berg der Welt im Süden vorgelagert. Und nur von Süden aus (Bild) wirkt dieser Achttausender auch als selbständiger Berg – mehr noch als grandiose Welt aus senkrechtem Fels und Eis. Von Westen (parallel zum Everest-Aufstieg) gelang im Rahmen einer Schweizer Expedition die erste Besteigung des Lhotse. Die Südwand, eine Wandflucht von 3500 Meter Höhe, gilt als eines der größten Wandprobleme im Himalaya und ist 1989 noch undurchstiegen.

▸ Lhotse, 8511 m, Népal/Chine
A vrai dire, le Lhotse est un satellite du mont Everest. Il s'étend au sud de la plus haute montagne du monde. Et ce n'est que vu du sud (photo) que ce huit mille apparaît comme une montagne indépendante et encore plus comme un univers grandiose de roche verticale et de glace. C'est de l'ouest (par une voie parallèle à la route de l'Everest) qu'une expédition suisse a réussi la première du Lhotse. La face sud, un alignement de parois de 3500 mètres de hauteur, passe pour être un des plus gros problèmes dans l'Himalaya et n'a jamais encore été traversée jusqu'à présent.

▸ Lhotse, 27,923 ft, Nepal/China
Strictly speaking, this is a secondary summit of Mount Everest, extending southwards from the world's highest mountain. And it is only from the south, where it presents this dramatic combination of vertical rock and ice, that the 8,000 m mountain appears to be an independent peak. It was from the west (parallel to the Everest route) that a Swiss expedition reached the summit in 1956. The South Face, a series of precipitous walls extending through nearly 11,500 ft, represents one of the greatest climbing problems in the Himalayas, and has so far not been scaled.

◂ **Shisha Pangma, 8046 m, China/Tibet**
Nicht nur weil der Shisha Pangma, der auch Gosainthan oder chinesisch Xixabangma Feng genannt wird, mehr als 8000 Meter hoch ist, ist er berühmt. Er ist auch schön. Von Norden gesehen steht er beherrschend über dem pastellfarbenen tibetischen Hügelland; seine Südwand, von Schneerinnen zerfurcht, ragt steil in den Himmel. Erst 1964 konnte dieser Gipfel als letzter Achttausender erstmals erreicht werden. Da Tibet und damit der Shisha Pangma damals ausländischen Expeditionen unzugänglich waren, buchten chinesische Bergsteiger die Erstbesteigung für sich. Zehn Teilnehmer einer von Hsu Ching geleiteten 195köpfigen Expedition erreichten den Gipfel.

◂ **Shisha Pangma, 8046 m, Chine/Tibet**
Celui que l'on appelle également Gosainthan ou, en chinois, Xixabangma Feng, n'est pas seulement célèbre parce qu'il a plus de 8000 mètres. Il est également beau. Vu du nord, il domine le haut plateau du Tibet aux teintes pastel; sa face sud escarpée, déchiquetée par des couloirs de neige, se dresse dans le ciel. En 1964, le Shisha Pangma a été le dernier huit mille à avoir été escaladé pour la première fois. Le Tibet et ainsi le Shisha Pangma étant fermés la fois-là pour des expéditions étrangères, ce sont des grimpeurs chinois qui ont réussi la première. Dix membres d'une expédition de 195 personnes dirigée par Hsu Ching ont atteint le sommet.

◂ **Shisha Pangma, 26,398 ft, China/Tibet**
This mountain – also called Gosainthan, or, in Chinese, Xixabangma Feng – is not famous simply because it is over 8,000 m high. It is also beautiful. Seen from the north it towers above the pastel-coloured Tibetan highlands; its South Face, furrowed by snow gullies, rises steeply into the sky. In 1964 Shisha Pangma became the last 8,000 m peak to be climbed. As Tibet, and thus Shisha Pangma, was then closed to foreign expeditions, Chinese mountaineers were able to chalk up this success. Ten members of a 195-strong expedition led by Hsu Ching reached the summit.

◂ **Gaurisankar, 7145 m, Nepal/China**
Von Süden gesehen beherrscht er seine Umgebung völlig. Lange Zeit wurde er mit dem Mount Everest verwechselt, von dem er fast hundert Kilometer entfernt ist. Danach war er jahrzehntelang »gesperrt«, weil er für die Einheimischen ein heiliger Berg ist. Milarepa und Guru Ringpoche haben in Höhlen am Fuße des Gaurisankar, der auch Chomo Tsering oder Tseringma genannt wird, meditiert. Der doppelgipfelige Siebentausender steht unmittelbar über dem Dschungel Ostnepals, ist aber trotzdem schwer zugänglich. 1979 wurde der Hauptgipfel erstmals erreicht.

◂ **Gaurîsankar, 7145 m, Népal/Chine**
Vu du sud, le Gaurîsankar domine entièrement son environnement. Pendant longtemps, on l'a confondu avec le mont Everest dont il se trouve à près de cent kilomètres. Il fut ensuite fermé pendant des décennies car c'est une montagne sacrée pour la population locale. Milarepa et le guru Ringpoche ont médité dans des grottes au pied du Gaurîsankar appelé également Chomo Tsering ou Tseringma. Avec son sommet jumelé, ce sept mille s'élève directement au-dessus de la jungle de l'est du Népal mais est néanmoins d'un accès très difficile. Le sommet principal a été atteint pour la première fois en 1979.

◂ **Gauri Sankar, 23,442 ft, Nepal/China**
When viewed from the south, Gauri Sankar totally dominates its surroundings. For a long time this peak was confused with Mount Everest, which is almost sixty miles away. After that it was closed for decades, as it is locally regarded as sacred. Milarepa and Guru Ringpoche meditated in caves at the foot of this mountain, which is also called Chomo Tsering, or Tseringma. Gauri Sankar, with its twin peaks, rises directly above the jungle of East Nepal, but is nevertheless very inaccessible. The principal summit was climbed for the first time in 1979.

◀ **Ama Dablam, 6856 m, Nepal**
▼ **Taboche, 6367 m, Nepal**
Beide Gipfel sind für die Sherpas heilig. Sie stehen sich in Solo Khumbu gegenüber. Dazwischen fließt der Duth-Kosi-Fluß. Der Ama Dablam wurde 1961 und der Taboche 1974 ohne Genehmigung erstmals bestiegen. Die beiden Expeditionsleiter wurden bestraft.

▲ **Taboche, 6367 m, Népal**
◀ **Ama Dablam, 6856 m, Népal**
Ces deux montagnes sont sacrées pour les sherpas. Elle se font face dans le Solo Khumbu. Le Duth-Kosi coule entre elles. L'Ama Dablam fut escaladé pour la première fois en 1961 et le Taboche en 1974 sans autorisation. Les chefs des deux expéditions ont été punis.

▲ **Taboche, 20,889 ft, Nepal**
◀ **Ama Dablam, 22,493 ft, Nepal**
The Sherpas regard these two mountains as sacred. They face one another in Solo Khumbu, with the Duth-Kosi River flowing between them. Ama Dablam was first climbed in 1961, Taboche in 1974, both without permission. The leaders of the two expeditions were punished.

▸ Tamserku, 6608 m, Nepal
Über den Sherpa-Dörfern im oberen Solo Khumbu steht dieser magisch anziehende Berg, der mit Wächtengraten, Riffelfirn und Hängegletschern überzogen ist. Dieser Sechstausender ist gleichermaßen schwierig wie schön. Für viele Sherpas gilt er als heilig. Nur von Südosten scheint er zugänglich zu sein. Von dort aus gelang es 1964 einem internationalen Bergsteigerteam, den Hauptgipfel zu erreichen. Diese und weitere Besteigungen haben wenig vom Mythos des Tamserku genommen.

▸ Tamserku, 6608 m, Népal
Cette montagne à l'attrait magique, qui est pleine d'arêtes en corniche, de névés nervurés et de glaciers suspendus, surplombe les villages de sherpas dans le Solo Khumbu supérieur. Ce six mille est tout aussi beau que difficile. Pour beaucoup de sherpas il est sacré. Il semble accessible uniquement du sud-est. C'est de là qu'une équipe de grimpeurs internationale a pu atteindre le sommet principal en 1964. Cette ascension et celles qui ont suivi n'ont guère porté atteinte au mythe qui entoure le Tamserku.

▸ Tamserku, 21,680 ft, Nepal
This magical mountain, with its numerous cornices, ribbed névé, and hanging glaciers, towers above the Sherpa villages in upper Solo Khumbu. It is as difficult as it is beautiful. Many Sherpas regard it as sacred. It appears to be accessible only from the south east, and it was from this side that an international group succeeded in reaching the main summit in 1964. This and further ascents have done little to rob Tamserku of its mystical aura.

▼▶ Makalu, 8481 m, Nepal/China
Viermal bin ich zum Makalu gepilgert, und jedesmal habe ich eine neue, faszinierende Seite an diesem Achttausender entdeckt. Da ist die steile, formvollendete Südwand (großes Bild), die abweisende Westwand (kleines Bild) und die zerrissene, geheimnisvolle Nordflanke. Dazwischen laufen ein halbes Dutzend Grate zum Gipfel, jeder auf seine Weise schön. 1955 haben die Franzosen den Gipfel über die Nordwestflanke erstmals erreicht.

▲▶ Makalu, 8481 m, Népal/Chine
Je me suis rendu à quatre reprises au Makalu et, chaque fois, j'ai découvert un nouvel aspect fascinant de ce huit mille. Il y a la face sud escarpée, d'une beauté parfaite (grande photo), la face ouest menaçante (petite photo) et la face nord déchiquetée, mystérieuse. Entre elles, une demi-douzaine d'arêtes montent au sommet, chacune belle à sa manière. En 1955, les Français ont pour la première fois atteint le sommet par le versant nord-ouest.

▲▶ Makalu, 27,825 ft, Nepal/China
I have pilgrimaged four times to Makalu, and each time I have discovered a new, fascinating side of this great peak. There is the steep, beautiful South Face (large picture), the austere West Face (small picture), and the rugged, mysterious North Flank. Between them half a dozen ridges run towards the summit, each beautiful in its own way. The first ascent, via the North-West Face, was by a French group in 1955.

▲ **Kangchendzönga, 8598 m, Nepal/Indien**
Ist der dritthöchste Berg der Erde vielleicht der zweithöchste? Neue, genauere Satellitenmessungen könnten zu diesem Ergebnis führen. Der fünfgipfelige Koloß im äußersten Osten von Nepal ist früh entdeckt und erkundet worden. Er konnte aber erst 1955 bestiegen werden. Der Name Kangchendzönga, abgekürzt »Kantsch«, läßt sich mit »fünf Schatzkammern des Schnees« übersetzen.

▲ **Kangchenjunga, 8598 m, Népal/Inde**
La troisième des plus hautes montagnes du monde serait-elle la deuxième? De nouvelles mesures plus précises effectuées par satellite pourraient aboutir à cette conclusion. Ce colosse à cinq sommets dans le Népal oriental a été découvert et exploré très tôt mais ce n'est qu'en 1955 qu'il a été escaladé. Le nom du Kangchenjunga, appelé familièrement le «Kangch» par les alpinistes, signifie les «Cinq Trésors de la Grande Neige».

▲ **Kangchenjunga, 27,207 ft, Nepal/India**
Is the world's third highest mountain perhaps the second highest? New, more precise measurements from satellites could possibly prove this. This colossus in Eastern Nepal, with its five peaks, was discovered and explored at an early date, but was not climbed until 1955. The name Kangchenjunga can be translated as the "five treasure-houses of snow".

Wildnis

Nicht nur wir Bergsteiger haben dazu beigetragen, die letzte Wildnis zu einem Abfallhaufen verkommen zu lassen. Vor allem sind es die Bosse der Wirtschaft und des Tourismus, die hemmungslos weiterroden, weiterbauen, Natur weiter ausbeuten lassen. Im Verhältnis zu dem, was Jahr für Jahr durch die Interessen der Industrie, durch die Kurzsichtigkeit der Tourismusplaner unter den Bagger kommt, fallen unsere zurückgelassenen Haken, Fixseile und Zelte nicht ins Gewicht.
Und doch müssen wir damit anfangen, unseren Müll von den Bergen herunterzuholen, wenn wir wollen, daß die Politiker begreifen, daß wir saubere Berge haben möchten. Nur Gipfel ohne Vorgaben bleiben geheimnisvoll. Den Politikern fehlt in diesem Zusammenhang der »Handlungsspielraum«, wie sie sich auszudrücken pflegen. Und das geht so: Zuerst wollen sie gewählt werden, und dann haben irgendwelche Lobbys das Sagen. Um gewählt zu werden, reichen Versprechungen. Man gibt sie zuhauf, um an die Macht zu kommen; einmal oben, gibt man den Lobbys nach, um an der Macht zu bleiben. Man ist ja nur Politiker, und die Lobbys haben das Sagen. Also müssen wir eine Lobby werden, um die Gebirge, das praktisch Nutzlose, zu schützen.
Wen interessieren Eisgipfel, Wüsten, Sandberge? Kaum jemanden, und das Volk schweigt oder richtet sich außerhalb von Gesetzesparagraphen und »Staatsinteressen« eine Welt ein, die dem Menschen entspricht und nicht den Interessen einer Sekte.
Der schönste Berg ist immer noch der, den alle besteigen möchten und den niemand besteigen kann. Ein wilder Berg. Ein Berg, auf dem kein Gold zu holen, mit dem keine Frau zu erobern und auch kein Ruhm zu gewinnen ist. Erst wenn alle profanen Motivationen bei der Betrachtung eines Gipfels ausgeschaltet sind, sehen wir den Berg klar. Wir sehen dann seine Fremdheit und seine Vertrautheit: die Wildnis.

La nature sauvage

Nous autres alpinistes n'avons qu'une faible part de responsabilité dans le fait que le dernier recoin de nature sauvage se transforme en un tas d'ordures. Les grands fautifs sont les patrons de l'économie et du tourisme qui laissent défricher, construire et exploiter la nature sans vergogne. Par rapport à ce qui, chaque année, tombe sous les coups des bulldozers pour satisfaire les intérêts de l'industrie et de la politique à courte vue des promoteurs du tourisme, les crochets, cordes fixes et tentes que nous abandonnons dans la montagne n'ont pas grande importance.
Et pourtant si nous voulons que les hommes politiques comprennent que nous tenons à avoir des montagnes propres, nous devons commencer à redescendre nos déchets des montagnes. Seuls les sommets sans nuisances gardent leur mystère.
Dans ce domaine, les politiciens prétendent ne pas avoir de «marge de manœuvre». En d'autres termes: ils font tout pour être élus et abandonnent ensuite le commandement à de quelconques groupes de pression. Les promesses suffisent pour être élus. On les distribue en masse pour arriver au pouvoir; mais, celui-ci une fois conquis, on cède aux groupes de pression pour pouvoir garder sa place. Ce sont eux qui commandent. Nous devons donc constituer un groupe de pression pour protéger la montagne «inutile». Qui s'intéresse aux sommets glacés, aux déserts, aux montagnes de sable? Pratiquement personne et le peuple se tait ou se crée un monde qui lui convient et ne se soucie pas des intérêts d'une quelconque minorité.
Pourtant, la plus belle montagne reste celle que tous voudraient escalader mais que personne ne peut gravir. Une montagne sauvage. Une montagne qui ne rapporte ni argent ni succès ni gloire. On ne peut vraiment appréhender une montagne que lorsque tous les motifs profanes sont exclus. Ce n'est qu'à ce moment-là que nous la voyons avec son aspect étrange et familier: dans sa nature sauvage.

The wilderness

We mountaineers have played only a minor part in turning the last remaining wildernesses into rubbish dumps. Most of the damage has been done by big business and tourism with their uninhibited deforestation, ceaseless building, and general exploitation of nature. Compared with what is destroyed year by year in the interests of business and through the short-sightedness of tourist developments, the hooks, fixed ropes, and tents that we leave behind are negligible.
And yet, if we expect the politicians to understand that we are determined to save the mountains from pollution, it is time we started to retrieve our rubbish. Only mountains without artificial aids retain their mystery.
The politicians claim they have no "room to manœuvre" as far as this issue is concerned. In other words: once they have been elected, the various lobbies take over. Promises are enough to ensure election. They are dispensed freely as a means of getting into office; once elected, however, the politicians have to bow to the lobbies in order to survive. The real power is then in the hands of the lobbies. So we must form our own lobby in order to protect the "useless" mountains.
Who worries about icy peaks, or deserts? – practically no one, and so the people remain silent, or stolidy pursue their own interests, ignoring the views of a small minority.
The most beautiful mountain is still the one that everyone wants to climb but no one can. A wild mountain. A mountain that yields no profits in the way of money, social success, or glory. A mountain can only be seen clearly if all commercial and profane motivations are excluded. Then, in all its strangeness and intimacy we see it: the wilderness.

▲ **Juju Drake, ca. 6700 m, Bhutan**
In der Chomolhari-Gruppe (7315 m) in Bhutan steht dieser formschöne, heilige Berg, der von allen Seiten sehr schwer ersteigbar ist. Nach mehreren Anläufen, die alle höchstens bis zum Vorgipfel führten, gelang es erst 1988, den höchsten Punkt dieses eigenwilligen Sechstausenders zu erreichen. Der Juju Drake wird oft mit dem Tserim Kang verwechselt. Deshalb habe ich die beiden Gipfel auch nebeneinandergestellt.

▲ **Juju Drake, env. 6700 m, Bhutân**
Cette belle montagne sacrée, très difficile d'accès de tous les côtés, fait partie du massif du Chomolhari (7315 m). Ce n'est qu'en 1988 que le point culminant de ce six mille a pu être gravi, plusieurs assauts précédents n'ayant atteint tout au plus que le sommet secondaire. Le Juju Drake est souvent confondu avec le Tserim Kang, c'est pourquoi j'ai placé les photos des deux sommets l'une à côté de l'autre.

▲ **Juju Drake, 21,982 ft, Bhutan**
This lovely, sacred mountain is part of the Chomolhari Group (23,999 ft), and is extremely difficult to climb from any side. The principal summit was not reached until as recently as 1988, various previous attempts having not progressed further than the secondary peak at the most. Juju Drake is often confused with Tserim Kang, which is why I have placed photographs of these two peaks side by side.

▲ **Tserim Kang, ca. 6550 m, Bhutan**
Er ist gleichmäßiger in seinen Formen als der weiter im Süden gelegene Juju Drake. Der Tserim Kang ist ein heiliger Berg und einer jener ungezählten Berggipfel in Bhutan, die noch unbestiegen sind und daher eine besondere Ausstrahlung auf den westlichen Bergsteiger ausüben. Die Höhen und klettertechnischen Schwierigkeiten zählen dabei weniger als die Tatsache, daß wir es hier mit »sauberen« Bergen zu tun haben.

▲ **Tserim Kang, env. 6550 m, Bhutân**
Cette montagne a des formes plus régulières que le Juju Drake situé plus au sud. Le Tserim Kang est une montagne sacrée et l'un de ces innombrables sommets encore invaincus au Bhutân et qui, de ce fait, exercent un attrait particulier sur les grimpeurs occidentaux. Les hauteurs et les difficultés d'escalade comptent moins ici que le fait que nous nous trouvons en présence de montagnes «propres».

▲ **Tserim Kang, ca. 21,490 ft, Bhutan**
This mountain is more evenly shaped than Juju Drake further to the south. Tserim Kang is a sacred mountain, and is one of those numerous peaks in Bhutan which, because they have not yet been climbed, have a special attraction for western mountaineers. In such cases, the heights and degrees of difficulty are of less importance than the fact that they are regarded as "clean" mountains.

◂ Minyag Gangkar, 7587 m, China
Vielfach findet man auch die Schreibweisen Minya Konka oder Gongga Shan. In der chinesischen Provinz Sichuan (Szetschuan) gelegen, ist er ein besonderer Berg. In vieler Hinsicht. Er hat eine besondere Form, eine unerwartete Lage und viel schlechtes Wetter. Bereits im Jahre 1932 ist zwei Amerikanern die erste Besteigung geglückt. Erst in jüngster Zeit, seit China dem Tourismus offen gegenübersteht, wurde dieser Gipfel wieder bestiegen. Viele Versuche blieben ohne Erfolg. Der Minyag Gangkar ist ein faszinierender Berg mit Zukunft.

◂ Gongga Shan, 7587 m, Chine
Appelée également Minya Konka, cette montagne située dans la province chinoise du Si chuan est particulière à bien des égards. Elle a une forme inhabituelle, une situation inattendue et le mauvais temps y est fréquent. Dès l'année 1932, deux Américains y ont réussi une première. Mais ce n'est que ces dernières années que de nouvelles ascensions ont eu lieu, depuis que la Chine s'est ouverte au tourisme. De nombreuses tentatives ont échoué. Le Gongga Shan est une montagne fascinante qui a de l'avenir.

◂ Gongga Shan, 24,892 ft, China
Often called Minya Konka, this mountain in the Chinese province of Sichuan is in many ways rather special. Its shape is unusual, its site is unexpected, and it suffers from a lot of bad weather. Two Americans succeeded in climbing it as early as 1932, but further ascents have only taken place in recent years, since China has been opened up to tourism. Many attempts to scale it have failed. Gongga Shan is a fascinating mountain with a future.

◀ **Guilin-Felsen, 15 bis 100 m hohe Türme, China**
Chinesische Dichter haben diese Felsenwelt als die »schönsten Berge und Flüsse unter dem Himmel« beschrieben. Leider ist durch den Touristenstrom viel von der Ruhe und Ausstrahlung dieser bizarren Kalkfelsen verlorengegangen. Trotzdem werden die einzelnen Felsgestalten, die so imaginative Namen haben wie »Elefantenrüssel« oder »Schwert«, in jüngster Zeit nicht nur von unten betrachtet, sondern auch beklettert. Zum Teil sind die Felsen stark bewachsen und zum Klettern ungeeignet. Um so lebendiger ist ihr Spiegelbild im Wasser.

◀ **Les rochers de Gui lin, des tours de 15 à 100 m de haut, Chine**
Les poètes chinois ont célébré le paysage rocheux de Gui lin comme ayant les «plus belles collines et les plus beaux fleuves sous le ciel». Malheureusement, l'afflux de touristes a fait perdre beaucoup de leur calme et de leur attrait à ces étranges rochers de calcaire. Ces derniers temps ces collines de pierre, qui portent des noms aussi imagés que la «trompe d'éléphant» ou «l'épée» ne sont plus seulement admirées d'en bas mais également escaladées bien que certaines, couvertes de végétation, soient tout à fait impropres à l'escalade. Leur reflet dans l'eau n'en est que plus vivant.

◀ **Guilin Rocks, 50 to 325 ft towers, China**
Chinese poets have praised the rocky world of Guilin as possessing the "most beautiful mountains and rivers on earth". Unfortunately, tourism has robbed these bizarre rock formations of much of their tranquillity and fascination. Many of the rocks, which bear such imaginative names as "Elephant's Trunk", or "Sword", are now not only admired from ground level, but are also climbed, although some are unsuitable for climbing because they are overgrown with vegetation.

▸ Fudschijama, 3776 m, Japan
Der Vulkankegel, auch Fujijama oder Fuji-san geschrieben, liegt im Osten von Tokio. Nach der Überlieferung soll er bereits 633 n.Chr. von En-no Shokaku bestiegen worden sein. 1860 erreichte der erste Europäer den Gipfel. Heute pilgern Sommer für Sommer Zehntausende auf den Berg, vor allem Japaner, für die der Fuji-san heilig ist. Am Kraterrand des Gipfels stehen religiöse Symbole und modernste Technologie, wie meteorologische Meßstationen, dicht nebeneinander. Trotz seiner mythologischen Bedeutung ist der Fudschijama einer der schmutzigsten Berge der Welt. Schön ist er nur noch aus der Ferne.

▸ Fuji-yama, 3776 m, Japon
Aussi appelé Fuji-san, c'est un imposant cône volcanique à l'est de Tokyo. Selon la tradition, il aurait déjà été escaladé en 633 ap. J.-C. par En-no Shokaku. Le premier Européen a atteint son sommet en 1860. Aujourd'hui, chaque été, des dizaines de milliers de personnes s'y rendent en pèlerinage, des Japonais pour la plupart car pour eux le Fuji-yama est sacré. En bordure du cratère du sommet, des symboles religieux côtoient la technologie la plus moderne sous la forme par exemple de stations météorologiques. Malgré son importance mythologique, le Fuji-yama est une des montagnes les plus sales du monde et il n'est beau que de loin.

▸ Fujiyama, 12,388 ft, Japan
Also called Mount Fuj, or Fujisan, this famous mountain is a tremendous volcanic cone rising to the east of Tokyo. Tradition says that it was climbed as early as 633 A.D. by a monk called En-no Shokaku. The first European reached the summit in 1860. Now tens of thousands climb the mountain every year, most of them being Japanese, for whom Fujiyama is sacred. The edge of the crater is lined with religious symbols and state-of-the-art technology such as meteorological stations. Despite its mythological importance, Fujiyama is one of the world's dirtiest mountains. It is beautiful only from a distance.

Afrika
Afrique
Africa

Idealismus

Ab und zu möchte ich ganz ich sein, ohne Kompromiß nach außen hin. Ich bin kein Idealist, ich versuche Realist zu sein. Und ich bin ein Egoist.
Ja, ich bin Egoist. Und ich stehe zu meinem Egoismus. Und jemand, der das, was immer er tut – als Straßenkehrer, Verkäufer, Bundeskanzler oder Fernsehmoderator – nicht mit Begeisterung tut, soll mir keine Vorwürfe machen. Er soll sein Leben ändern. Wir dürfen alle zu unserem Egoismus stehen, wenn wir Ansprüche an uns selbst und nicht nur an die anderen stellen. Wir müssen sogar. Es ist nicht mehr oder weniger tugendhaft, sein Leben zu leben, als irgendwelchen Idealen nachzuhängen.
Ideale sind mir meist suspekt. Nicht nur, weil es einfach ist, sie vor sich herzutragen, auch, weil sie oft in eine Falle locken. Am Berg ist beides gefährlich: ein Ideal zu realisieren oder die Realität zu idealisieren. Die Kunst beim Bergsteigen besteht für mich darin, die Realität anzunehmen, mit der Realität zu leben. Aus mir heraus. Mit vollem Einsatz.
Die Kunst des Bergsteigens, des Kletterns, des Gehens besteht ja auch darin, die Naturgesetze – die in uns drinnen und die draußen – zu erkennen und zu respektieren. Respekt vor den Bergen ist nichts anderes als das Anerkennen der Realität.

Idéalisme

De temps en temps, je voudrais être tout à fait moi-même, sans compromis à l'égard du monde extérieur. Je ne suis pas un idéaliste, j'essaie d'être un réaliste. Et je suis un égoïste. Oui, je suis un égoïste. Je l'avoue. Et celui qui fait son métier – qu'il soit balayeur de rue, vendeur, premier ministre ou présentateur de télévision – sans enthousiasme ne doit pas me critiquer. Il devrait changer sa vie. Nous avons tous le droit d'être égoïstes à condition que nous soyons exigeants envers nous-mêmes et pas uniquement envers les autres. Nous devons même l'être. Il n'est ni plus ni moins vertueux de vivre sa vie que de poursuivre un idéal quelconque.
Les idéaux me paraissent généralement suspects. Non pas seulement parce qu'il est simple de les brandir mais également parce qu'ils vous piègent souvent. En montagne, il est tout aussi dangereux de réaliser un idéal que d'idéaliser la réalité. En ce qui me concerne, l'art de l'alpinisme consiste à accepter la réalité, à vivre avec la réalité, en m'engageant à fond.
L'art de l'alpinisme, de l'escalade, de la marche consiste également à reconnaître et à respecter les lois de la nature – celles qui sont en nous et celles qui sont au dehors de nous. Le respect des montagnes n'est rien d'autre que la reconnaissance de la réalité.

Idealism

Now and then I want to be entirely myself – without any compromise towards the outside world. I am not an idealist; I try to be a realist. And I am an egoist. Yes, I am an egoist, I admit it. And anyone who does not do what he does – be he road-sweeper, salesman, prime minister, or TV presenter – without enthusiasm should not reproach me. He should change his life. There is no reason why any of us should not be egoistic, provided we make demands upon ourselves and not only upon others. Indeed, we have to be. It is neither more nor less virtuous to live one's own life than it is to pursue some sort of ideal.
I am usually suspicious of ideals. Not only because it is simple to brandish them, but also because they are often deceptive. In the mountains it is dangerous to attempt either to realize an ideal or to idealize reality. For me, the art of mountaineering consists in accepting reality, in living with reality, in using my own abilities to the full.
The art of mountaineering, of rock-climbing, or walking also consists in recognizing and respecting the laws of nature – both those within us and those outside us. Respect for the mountains is simply acceptance of reality.

◂ **Hoggar, ca. 3000 m, Algerien, Afrika**
In der zentralen Sahara steht dieses Gebirgsmassiv, das eine Anzahl interessanter Felsformationen aufweist. Die steil aufragenden, von Schuttmänteln umgebenen Felstürme werden mehr und mehr auch von Alpinisten aus aller Welt besucht. Fasziniert von den bizarren Formen, aber ohne bergsteigerischen Ehrgeiz, lebte der französische Eremit Charles de Foucauld in dieser Hochgebirgswüste unter den einheimischen Tuareg bis zu seinem Tod.

◂ **Hoggar, env. 3000 m, Algérie, Afrique**
Ce massif montagneux, qui présente d'intéressantes formations rocheuses, se trouve dans le Sahara central. Les tours volcaniques abruptes attirent de plus en plus les alpinistes du monde entier. Fasciné par ses formes bizarres, l'explorateur et missionnaire français, Charles de Foucauld vécut en ermite dans ce désert parmi les Touaregs jusqu'à sa mort.

◂ **Hoggar Mountains, ca. 9,800 ft, Algeria, Africa**
This massif, sometimes called Ahaggar Mountains, with its interesting rock formations, is in the central Sahara. The steep volcanic pinnacles are becoming increasingly popular with alpinists from all over the world. Fascinated by its bizarre forms, the French hermit Charles de Foucauld lived in this desert region among the Tuareg until his death.

▸ **Wanderdu, Kaga Tondo, Kaga Pamori, ca. 1000 m, Mali**
Diese mit einer Wandhöhe von 600 Metern steil aufragenden Felstürme in Mali sind Kletterneuland. Sie sind kühn und abweisend wie die berühmtesten Dolomitenfelsgestalten.

▸ **Wanderdu, Kaga Tondo, Kaga Pamori, env. 1000 m, Mali**
Ces tours rocheuses abruptes dont les parois ont jusqu'à 600 mètres de hauteur n'ont pas encore été escaladées jusqu'à présent. Mais elles sont aussi impressionnantes et menaçantes que les plus célèbres formations rocheuses des Dolomites.

▸ **Wanderdu, Kaga Tondo, Kaga Pamori, ca. 3,250 ft, Mali**
These steeply rising pinnacles, with faces extending up to nearly 2,000 ft, have not yet been discovered for climbing purposes. But they are as striking and forbidding as the most famous of the Dolomite formations.

▸ Mount Kenia, 5194 m, Kenia
Der kühne Granitberg mit eingelagerten Eisrinnen und Gletschern steht in Äquatorialafrika. Die beiden Hauptgipfel Nelion und Batian sind von allen Seiten nur schwer zu erreichen. Der Berg wurde 1899 erstmals bestiegen und konnte erst dreißig Jahre später ein zweites Mal erklettert werden, was den Schwierigkeitsgrad der Mackinder-Route beweist. Inzwischen gibt es mehr als ein Dutzend Kletterrouten auf diesen Gipfel und Jahr für Jahr mehr Anwärter. Durch Dschungel und Morast steigt man zuerst bis auf ca. 4000 Meter Meereshöhe, wo der Berg formschön über dem Hochland steht. Im Süden vorgelagert (rechts im Bild) ist der Point John, ein schwieriger Granitturm. Rechts an ihm vorbei geht es zur Mackinder-Route.

▸ Mont Kenya, 5194 m, Kenya
Cette montagne de granit impressionnante avec ses couloirs de glace et ses glaciers se trouve en Afrique équatoriale. Les deux principaux sommets, le Nelion et le Batian sont d'un accès difficile de tous les côtés. La montagne a été escaladée pour la première fois en 1899. La deuxième ascension n'a eu lieu que trente ans plus tard, ce qui prouve le degré de difficulté de la route Mackinder empruntée par la première expédition. Entretemps, il existe plus d'une douzaine d'itinéraires de montée sur ce sommet et d'année en année il y a plus de candidats à l'escalade. On monte tout d'abord à travers la jungle et les marécages jusqu'à une altitude d'env. 4000 m où la montagne se dresse au-dessus du haut plateau. Le Point John (à droite sur la photo), une difficile tour de granit, s'étend au sud. On passe à sa droite pour emprunter la route Mackinder.

▸ Mount Kenya, 17,058 ft, Kenya
An impressive granite mountain, with ice gullies and glaciers, in Equatorial Africa. The two main peaks, Nelion and Batian, are hard of access from all sides. Mount Kenya was first climbed in 1899, and thirty years passed before the second ascent, which says something about the degree of difficulty of the route taken by the first group led by Sir H. Mackinder, after whom it was named. In the meantime more than a dozen routes have been established, and mountaineers are practically queuing for them. The approach runs through jungle and swamp to an altitude of about 13,000 ft, from where the mountain soars above the surrounding highlands. Extending southwards is Point John (on right of picture), a difficult granite tower. The approach to the Mackinder route runs past it on the right.

Kilimandscharo, 5895 m, Tansania
Der höchste Berg Afrikas ist ein gigantischer Vulkankegel, dessen Krater mit bizarren Eisformationen gefüllt ist (links). Der Kilimandscharo ist vor allem faszinierend für diejenigen, die auch tatsächlich auf seinen Gipfel hinaufsteigen. Durch mehrere Vegetationsgürtel geht es dabei aus dem dichten Dschungel bis ins »ewige Eis« am Äquator. 1889 stiegen L. Purtscheller und H. Meyer, der einige Jahre vorher schon einen Versuch gewagt hatte, bis zum Uhuru Peak, dem höchsten Punkt am Kraterrand, den man damals Kaiser-Wilhelm-Spitze nannte. Der Kilimandscharo ist einer der am häufigsten bestiegenen Fünftausender der Erde. Der Gipfel ist nicht schwierig, aber es ist sehr anstrengend, ihn zu erreichen.

Kilimandjaro, 5895 m, Tanzanie
La plus haute montagne d'Afrique est un gigantesque cône volcanique dont le cratère est rempli de curieuses formations de glace (à gauche). Le Kilimandjaro est surtout fascinant pour ceux qui peuvent réellement monter jusqu'au sommet. On traverse en effet plusieurs zones de végétation en partant d'une jungle dense pour arriver à la «glace éternelle» à l'Equateur. En 1889, L. Purtscheller et H. Meyer, qui avait déjà fait une tentative quelques années auparavant, atteignirent l'Uhuru Peak, le point le plus élevé au bord du cratère, que l'on appelait à l'époque Kaiser-Wilhelm-Spitze. Le Kilimandjaro est un des cinq mille le plus souvent escaladés de la terre. Le sommet n'est pas difficile mais son ascension est très fatigante.

Kilimanjaro, 19,340 ft, Tanzania
Africa's highest mountain is a gigantic volcanic cone whose crater is filled with bizarre ice formations (left). Kilimanjaro is particularly fascinating for those who actually climb to the summit, because they pass through several vegetation zones, beginning in dense jungle, and ending in "eternal ice" despite the fact that the mountain is on the equator. In 1889 L. Purtscheller and H. Meyer (who had attempted the climb a few years earlier) reached Uhuru Peak, the highest point on the rim of the crater, which at that time was called Kaiser Wilhelm Spitze. Kilimanjaro is one of the world's most frequently climbed 5,000 m peaks. Though not difficult, the ascent to the summit is extremely strenuous.

▸▸ **Drakensberge, 3182 m, Südafrika**
Auch in Südafrika gibt es hohe und interessante Berge. Auf den Tafelberg (1086 m) führen zahlreiche Wanderwege, eine Seilbahn und etwa dreihundert Kletterwege. Die Drakensberge (rechts), die in Südafrika im Cathkin Peak gipfeln – er wurde 1912 erstmals bestiegen –, sind viel höher und damit auch schwerer zugänglich. Im benachbarten Lesotho erreichen die Drakensberge sogar eine Höhe von 3482 m.

▸▸ **Drakensberge, 3182 m, Afrique du Sud**
L'Afrique du Sud possède également des montagnes élevées et intéressantes. De nombreux chemins de randonnée, un téléphérique et environ trois cents sentiers d'escalade mènent au Tafelberg (1086 m). Les Drakensberge (à droite), qui culminent en Afrique du Sud au Cathkin Peak – il a été escaladé pour la première fois en 1912 – sont toutefois beaucoup plus hautes et de ce fait moins accessibles. Au Lesotho, pays voisin, les Drakensberge atteignent même une hauteur de 3482 m.

▸▸ **Drakensberg, 10,440 ft, South Africa**
South Africa also has a number of high and interesting mountains. The top of Table Mountain (3,563 ft) can be reached by many walking routes, a cable railway, and about 300 climbing routes. Drakensberg (right), whose highest point in South Africa is Cathkin Peak – first scaled in 1912 – is, however, much higher, and therefore less accessible. In neighbouring Lesotho the Drakensberg attain a height of 11,425 ft.

Breitenalpinismus

Den Breitenalpinismus sehe ich positiv. In den Bergen ist Platz für alle. Ich finde, daß die Berge so vielfältig sind, daß alle Menschen, die »Natur leben« wollen, die Möglichkeit haben sollten, dorthin zu gehen. Ich sehe aber nicht ein, warum wir das, was wir suchen – Ruhe, Anstrengung, Unberührtheit – vernichten, um eine möglichst große Zahl von Menschen auf die Gipfel zu schaffen. Die Seilbahn auf einen Gipfel ist also ein Widersinn. Ich verknüpfe mit der Möglichkeit, auf Berge zu steigen, die Auflage, die Berge so zu hinterlassen, wie wir sie vorfinden. Nur so ist gewährleistet, daß die letzten, wilden Naturlandschaften zukünftigen Generationen erhalten bleiben.
Besonders auf stadtnahe Gipfel bauen Tourismusmanager mit Vorliebe Lifte und Bahnen jeder Art. Dabei suchen gerade Städter die »Urlandschaft« in den Bergen. Nicht jene sind ungerecht, die zu Fuß auf die Gipfel hinaufsteigen wollen, sondern jene, die glauben, die Berge allen zugänglich machen zu müssen und sie so als Medium für immer zerstören.
»Die Zugspitzbahn ist ein Triumph menschlichen Erfindergeistes, ein Wunderstück deutscher Technik – die Überwindung der Elementargewalten durch die Kraft der Beharrlichkeit und etwas völlig Blödsinniges. Wenn ich Zugspitze wäre: man müßte sich ja zu Tode schämen.
Sieht man von den Skileuten ab, die sich ›mit die Brettln‹ im Winter da hinaufziehen lassen können, um herrlich wieder herunter, zu Tal, zu fahren – der Berg ist gar kein Berg mehr. Entzaubert, von seinem Thron jäh heruntergeholt, eine Platitüde von dreitausend Metern. Oben stehen die Leute und wissen nicht genau, was sie da sollen. Manche lassen sich anseilen, um bis zum noch unasphaltierten Gipfel zu steigen.«
Dies schreibt Kurt Tucholsky 1926 in seinem Aufsatz »Ausflug auf die Zugspitze«. Seine Aussagen gelten heute mehr denn je. Setzen wir uns also gemeinsam ein für seilbahnfreie Gipfel.

L'alpinisme de masse

Je vois de façon positive l'alpinisme populaire. Je trouve que les montagnes sont si variées que tous ceux qui veulent «jouir de la nature» devraient avoir la possibilité de le faire. Mais je ne vois pas pourquoi nous détruisons ce que nous cherchons – le calme, l'effort, la nature intacte – pour amener le plus de gens possible aux sommets. Le téléphérique jusqu'au sommet est donc une absurdité. J'estime que la possibilité de l'escalade devrait être soumise à la condition de laisser les montagnes dans l'état où on les a trouvées. Ce n'est qu'ainsi que les derniers paysages sauvages pourront être préservés pour les générations futures.
Les organisations touristiques sont particulièrement enclines à construire des téléphériques et des funiculaires de toutes sortes sur les sommets proches des régions urbaines. Alors que les citadins recherchent tout spécialement la nature inviolée dans les montagnes. Ce ne sont pas ceux qui veulent monter à pied jusqu'aux sommets qui ont tort mais ceux qui croient devoir rendre les montagnes accessibles à tout le monde et détruisent ainsi pour toujours leur environnement. «Le chemin de fer de la Zugspitze est un triomphe de l'esprit inventif de l'homme, une merveille de la technique allemande – la victoire remportée sur les forces élémentaires par l'opiniâtreté et quelque chose de complètement absurde. Si j'étais la Zugspitze, je mourrais de honte.»
Si l'on excepte les skieurs qui «peuvent en hiver se laisser hisser jusqu'au sommet à seule fin de dévaler les pentes de la vallée – la montagne n'est plus une montagne. Elle a perdu son charme, a été subitement détrônée, est devenue une platitude de trois mille mètres de hauteur. En haut, il y a des gens qui ne savent pas vraiment ce qu'ils font là. Certains se laissent encordés pour grimper jusqu'au sommet qui n'est pas encore asphalté.» C'est ce qu'écrivait Kurt Tucholsky en 1926 dans son «Excursion à la Zugspitze». Ce qu'il dit est encore plus valable aujourd'hui. Militons donc de concert pour des sommets sans téléphérique.

Popular Alpinism

I take a favourable view of popular alpinism. There is room for everybody in the mountains. I feel that the mountains offer such a variety of experience that everybody who wishes to "enjoy nature" should have the opportunity to do so. On the other hand, I do not see why we should destroy or frustrate the very things we are seeking – peace, physical effort, unspoilt nature – by transporting as many people as possible to the summits. The cable-car to the summit is absurd.
I believe that mountain climbing should be contingent upon leaving the mountain in the same condition as we find it. Only in this way can the last wild natural landscapes be preserved for future generations.
Tourist organizations are particularly keen on building lifts and cable railways of all kinds on peaks close to urban areas. And yet it is town people in particular who seek unspoilt nature. It is not the people who climb the peaks on foot who are in the wrong, of course, but those who believe that the mountains should be made accessible to all, and so destroy their amenity value for ever. "The Zugspitz Railway is a triumph of man's ingenuity, a miracle of German technology – the conquest of the elementary forces of nature by sheer persistence – and is completely absurd. If I were the Zugspitze I would die of shame."
If one exempts the skiers, who "have themselves hauled to the top in winter in order to enjoy swooping down to the valley again – then the mountain is not appreciated as a mountain any more. It has lost its magic, been violently dethroned, has become a platitude three thousand metres high. People stand at the top and and don't really know why. Others have themselves attached to a rope so that they can climb to the as yet untarred summit."
This is what Kurt Tucholsky wrote in his "Outing to the Zugspitze" in 1926. His words are more to the point than ever. So let us strive to keep the cable railways off the peaks.

Ozeanien
Océanie
Oceania

◀ Oave-Gruppe, 1232 m, Polynesien, Ozeanien
Auf der Insel Ua Pu, zwischen Nuku Hiva und Hiva Oa, stehen diese einmaligen Felsgestalten, die klettertechnisch noch unerschlossen sind.
▼▶ Carstenszgebirge, 5029 m, Neuguinea
Ob die Carstenszpyramide der höchste Gipfel Neuguineas und damit Ozeaniens ist oder der Gipfel der benachbarten Puntjak Djaja (großes Bild), ist umstritten. Formschön erhebt sich dieser Gipfel, wie zahlreiche kleinere Kalkriffe (kleines Bild), über dem Dschungel der Südsee.

▲▶ Monts de Carstensz, 5029 m, Nouvelle-Guinée
La pyramide de Carstensz est-elle le plus haut sommet de la Nouvelle-Guinée et ainsi de l'Océanie ou bien est-ce le Puntjak Djaja (grande photo)? Ce beau sommet se dresse, avec de nombreuses montagnes de calcaire plus petites (petite photo), au-dessus de la jungle de l'Océanie.
◀ Groupe d'Oave, 1232 m, Polynésie, Océanie
Ces curieuses formations rocheuses, qui n'ont pas encore été exploitées pour l'escalade, se trouvent dans l'île Ua Pu, entre Nuku Hiva et Hiva Oa.

▲▶ Carstensz Mountains, 16,499 ft, New Guinea
Whether Carstensz Pyramide is New Guinea's highest peak, or the neighbouring Puntjak Djaja (large picture) is a matter of controversy. Together with many smaller limestone mountains (small picture), this beautifully shaped peak rises above the jungles of Oceania.
◀ Oave Group, 4,042 ft, Polynesia, Oceania
These extraordinary spires are on the island of Ua Pu, between Nuku Hiva and Hiva Oa, which have so far not been exploited for climbing.

Ayers Rock, 867 m, Australien
Da liegt mitten in der australischen Wüste dieser Monolith, der Ayers Rock. Aus der ganzen Welt kommen die Touristen angereist, um ihn im letzten Abendlicht zu fotografieren. Er nimmt dann eine strahlende Rotfärbung an. Über einen Klettersteig, mit Ketten und Eisenstiften abgesichert, kann heute jeder hinaufsteigen, der einigermaßen schwindelfrei ist. Für die Aborigines, die Ureinwohner Australiens, wohnt auf dem Ayers Rock das »Nichts« – die Menschen sollten dies respektieren.

Ayers Rock, 867 m, Australie
Ce monolithe se trouve en plein milieu du désert australien. Des touristes du monde entier viennent pour le photographier dans la lumière du crépuscule qui lui donne alors une couleur rouge brillante. Aujourd'hui, quiconque n'a pas le vertige peut l'escalader par un sentier d'escalade assuré par des chaînes et des pitons. Les aborigènes vénèrent cette montagne, ce que l'on doit respecter.

Ayers Rock, 2,844 ft, Australia
This great monolith lies isolated in the middle of the Australian desert. Tourists come here from all over the world to photograph it in the light of the setting sun, when it takes on a brilliant red colour. Nowadays anyone who is reasonably good at heights can climb to the top via a route secured with chains and iron pegs. For the Aborigines, Australia's indiginous people, Ayers Rock is sacred – and this is something that should be respected.

◀▶ Mount Cook, 3764 m, Neuseeland
Er ist nicht nur der höchste Berg Neuseelands, er ist sicherlich auch einer der schönsten Gipfel auf dieser Insel. Und schwierig zu besteigen ist er zudem; einerseits wegen der häufigen Schlechtwettereinbrüche, andererseits wegen der steilen Eisflanken und der exponierten Wächtengrate (rechtes Bild). 1894 erreichten die ersten Bergsteiger seinen Gipfel. Ein Jahr später folgte der berühmte Schweizer Bergführer M. Zurbriggen im Alleingang. Heute gibt es viele leichtere und schwierigere Routen bis zum Gipfel. Der Mount Cook ist ein idealer Trainingsberg für die neuseeländischen Himalaya-Bergsteiger.

◀▶ Mount Cook, 3764 m, Nouvelle-Zélande
Cette montagne n'est pas seulement la plus haute de Nouvelle-Zélande, c'est certainement également l'un des plus beaux sommets de cette île. Et de surcroît difficile à escalader; d'une part à cause du mauvais temps fréquent et soudain, d'autre part à cause des parois de glace escarpées et des corniches exposées (photo de droite). Les premiers grimpeurs atteignirent son sommet en 1894. Un an plus tard, le célèbre guide suisse M. Zurbriggen l'escalada en solo. Aujourd'hui, il existe de nombreuses routes plus faciles et aussi plus difficiles jusqu'au sommet. Le Mount Cook est une montagne d'entraînement idéale pour les grimpeurs de l'Himalaya néo-zélandais.

◀▶ Mount Cook, 12,349 ft, New Zealand
Mount Cook is not only the highest mountain in New Zealand, but also one of the most beautiful. And, moreover, it is difficult to climb – for one thing because of frequent and sudden bad weather conditions, and for another because of the steep ice flanks and exposed cornices (right-hand picture). The first mountaineers reached the summit in 1894. A year later the famous Swiss guide M. Zurbriggen brought off the first solo ascent. Now many routes of varying degrees of difficulty lead to the top. Mount Cook is an ideal training mountain for the New Zealand Himalaya climbers.

Nordamerika
Amérique du Nord
North America

◀ **Alaska, Nordamerika**
3lick über die Eisriesenwelt von Alaska.
▶ **Mount Foraker, 5302 m, Alaska, USA**
Der Mount Foraker liegt südlich vom Mount McKinley und vurde 1964 erstmals von einer Expedition bestiegen.
▼ **Mount McKinley, 6194 m, Alaska, USA**
Der Mount McKinley, auch Denali oder Tralaika genannt, ist der höchste Berg Nordamerikas. Ein gewaltiger Eisdom! 1913 standen die ersten Bergsteiger auf seinem eisigen Gipfel.

◀ **Alaska, Amérique du Nord**
Vue sur le monde des géants de glace de l'Alaska.
▶ **Mount Foraker, 5302 m, Alaska, USA**
Situé plus au sud du Mount McKinley, ce sommet a été escaladé pour la première fois par une expédition en 1964.
▼ **Mount McKinley, 6194 m, Alaska, USA**
Le Mount McKinley, appelé encore Denali ou Tralaika, est la plus haute montagne d'Amérique du Nord. La première ascension de cet immense dôme de glace a eu lieu en 1913.

◀ **Alaska, North America**
View of the mountainous, icy world of Alaska.
▶ **Mount Foraker, 17,395 ft, Alaska, USA**
This peak, further to the south of Mount McKinley, was first climbed in 1964.
▼ **Mount McKinley, 20,322 ft, Alaska, USA**
Also known as Denali or Tralaika, Mount McKinley, the highest peak in North America, is like a tremendous cathedral of ice! The first mountaineers reached its frozen summit in 1913.

▲ Mount Hunter, 4560 m, Alaska, USA
Mit seinen kühnen Firngraten und steilen Wänden ist er einer der schwierigsten Berge im McKinley-Massiv. 1954 gelang die erste Besteigung. Obwohl Jahr für Jahr mehr Bergsteiger, inzwischen bis zu tausend in einer Saison, den Denali erklettern, ist der Mount Hunter nach wie vor ein

▲ Mount Hunter, 4560 m, Alaska, USA
Avec ses arêtes de névé et ses parois abruptes, c'est une des montagnes les plus difficiles du massif du McKinley. La première ascension eut lieu en 1954. Bien qu'il y ait de plus en plus de grimpeurs – jusqu'à un millier par saison – pour escalader le Mount McKinley, le Mount Hunter reste un

▲ Mount Hunter, 14,960 ft, Alaska, USA
With its steep névé ridges and faces, this is one of the most difficult mountains in the McKinley Massif. The first ascent was in 1954. Although an increasing number of climbers – as many as a thousand per season – now scale Mount McKinley every year, Mount Hunter is still rarely attempted.

Ausrüstung

Das Bergsteigen ist eine Auseinandersetzung mit der Hochgebirgsnatur und keine technologische Angelegenheit. Unser Weltbild ist ein technisches geworden, und viele meinen, sie könnten diese Tatsache, diese Verhaltensweise, diese Denkweise auf die Alpinistik und das Abenteuer übertragen. Ich halte das für einen Trugschluß. Ich habe mich immer dagegen ausgesprochen.
Damals vor allem, als man sich allerorts »direttissima« durch die überhängendsten Felswände nagelte und mit Hilfe von Hubschraubern und Sauerstoffgeräten die Achttausender berannte, plädierte ich »für den freiwilligen Verzicht des Menschen auf seine Überlegenheit dank der Technik«. Die technischen Hilfsmittel haben das Bergsteigen ad absurdum geführt. Also müssen wir uns die Herausforderung zurückholen, indem wir mehr und mehr auf technische Steighilfen verzichten lernen.
So entstand der Verzichtalpinismus der siebziger und achtziger Jahre. Ein Tun, das sich mehr an den Motivationen von gestern als an den Möglichkeiten von morgen orientiert.
Unsere Ausrüstung ist viel leichter geworden. Es wurden zahlreiche Geräte entwickelt, die das Fels- wie das Eisklettern erleichtern. Auch deshalb hat sich der Alpinist nicht bemüht, mehr und mehr Technik mitzunehmen, sondern mehr und mehr wegzulassen. Sich zu beschränken und somit spielerisch auf die Berge zu steigen, ist endlich »in«. Im Idealfall wird es darauf zurückkommen, daß man ohne wesentliche technische Hilfsmittel die Eiger-Nordwand, den Mount Hunter, den Nanga Parbat besteigt.
So wie man früher auf diese Gipfel gestiegen ist, als es weder Hubschrauber noch Bohrhaken oder Sauerstoffgeräte gab.

Equipement

L'alpinisme est un affrontement avec la nature en haute montagne et n'est pas une question de technologie. Notre conception du monde est aujourd'hui une conception technique et beaucoup croient que celle-ci pourrait être transposée à l'alpinisme et à l'aventure. Je pense que c'est là une conclusion fausse et je l'ai toujours dit.
A l'époque où l'on attaquait «diretissima» les parois rocheuses en surplomb à coups de pitons et où l'on escaladait les huit mille avec l'aide d'hélicoptères et d'appareils à oxygène, je plaidais déjà pour que l'on renonce volontairement aux moyens techniques qui nous donnent une supériorité factice. Les moyens techniques ont étendu l'alpinisme ad absurdum. Nous devons donc réintégrer le défi dans ce sport en apprenant à renoncer de plus en plus aux moyens de progression techniques.
C'est ainsi que dans les années soixante-dix et quatre-vingt on a vu naître une forme d'alpinisme plus rigoureuse. Une attitude qui est plus orientée vers les motivations d'hier que vers les possibilités de demain.
Notre équipement est devenu beaucoup plus léger. On a développé de nombreux instruments qui facilitent l'escalade rocheuse et glaciaire. C'est aussi pourquoi l'alpiniste a pu réduire de plus en plus son équipement technique. Attaquer la montagne avec un équipement réduit et léger est enfin «in». Le cas idéal serait d'escalader la face nord de l'Eiger, le Mount Hunter et le Nanga Parbat sans moyens techniques importants. De revenir à l'alpinisme sous sa forme classique comme à l'époque où il n'y avait ni hélicoptères, ni pitons ni appareils à oxygène pour l'escalade de ces sommets.

Equipment

Mountaineering is a question of coming to terms with nature in the high mountains, and has nothing to do with technology. But our world is now dominated by technology, and many people believe that it could or should be applied to alpinism and adventure, too. I believe this to be a fallacy, and I have always spoken out against it. At the time when the most extreme overhang was attacked "direttissima" with pegs, and the 8,000 m summits were assaulted with the aid of helicopters and oxygen equipment, I already pleaded for voluntary abstention from the use of aids that give man an artificial superiority, for technical aids extend mountaineering ad absurdum. We have to put the challenge back into the sport by learning to abstain increasingly from the use of technical climbing aids. This was the basis of the austere alpinism of the Seventies and Eighties – a movement orientated more on the motivations of yesterday than on the possibilities of tomorrow.
Our equipment has become much lighter. Many aids have been developed that make rock and ice climbing easier, which is another reason why the true alpinist has reduced rather than increased the amount of equipment he takes along. The idea of limiting one's equipment and of approaching the mountain with as little equipment as possible is at last "in".
Ideally, we shall again get to the point where the Eiger North Face, Mount Hunter, or Nanga Parbat are climbed with as good as no technical aids: the way they were climbed before such things as helicopters, bolts or oxygen existed.

◀ **Mount Asgard, 2013 m, Baffin Island, Kanada**
Da steht diese Granitsäule, und niemand glaubt auf den ersten Blick, daß sie besteigbar ist. Dies und die Tatsache, daß der Mount Asgard auf Baffin Island steht, genauer an der Ostküste auf der Cumberland Halbinsel, macht seinen besonderen Reiz aus. Schon 1953 hat eine Expedition aus der Schweiz die wichtigsten Gipfel auf Baffin Island bestiegen: Tête Blanche, Mount Queen Elizabeth und Mount Asgard. In jüngerer Zeit reisen extreme Kletterer mit »big-wall«-Erfahrung in dieses entlegene Berggebiet, um die abweisenden und gleichzeitig herausfordernden Granitfluchten des Mount Asgard zu versuchen.

◀ **Mount Asgard, 2013 m, terre de Baffin, Canada**
A première vue, cette colonne de granit semble impossible à escalader. D'où son attrait particulier auquel contribue également le fait que le Mount Asgard se trouve dans la terre de Baffin, plus exactement sur la côte est de la presqu'île de Cumberland. Dès 1953, une expédition suisse a escaladé les principaux sommets de la terre de Baffin: Tête Blanche, Mount Queen Elizabeth et Mount Asgard. Ces dernières années, des grimpeurs de pointe nantis d'une expérience de «big wall» se sont rendus dans cette région montagneuse reculée pour relever le défi lancé par les versants de granit menaçants du Mount Asgard.

◀ **Mount Asgard, 6,598 ft, Baffin Island, Canada**
At first glance this granite tower seems unclimbable. This, plus the fact that Mount Asgard is on Baffin Island – or, more precisely, on Cumberland Peninsula on the island's east coast – is what makes this mountain so fascinating. A Swiss expedition climbed Baffin Island's most important peaks – Tête Blanche, Mount Queen Elizabeth, and Mount Asgard – in 1953. In more recent years top-ranking climbers with "big wall" experience have been coming to this remote mountain landscape in order to take up the challenge posed by Mount Asgard's inhospitable granite faces.

White Wilderness

Extremabenteuer werden immer zu meinem Leben gehören, und ich wünsche mir, daß sie auch anderen möglich sind. Deshalb habe ich die Idee des »White Wilderness« entwickelt. Jahrtausende hindurch waren einzelne Orte dem Menschen heilig und unantastbar. Dort wohnten die Götter, dort war das Nichts, dort lagen – versteckt oder nur Auserwählten zugänglich – die Erkenntnisse. Mit den unendlich vielfältigen Möglichkeiten der Technologie kommt der Mensch überall hin und erschließt diese »heiligen Orte« für profane Zwecke. Dabei zerstört er ein Medium, das ich die »Universität für Naive« nennen möchte.
Zu Beginn dieses Jahrhunderts hat es sich der Mensch zur Aufgabe gemacht, die letzten wilden Landstriche auf dieser Erde zu erforschen. Die »weißen Flecken« auf der Landkarte sollten ausgelöscht werden. Es folgten die Abenteuer als Selbstzweck. Die »Eroberung des Nutzlosen« macht heute keinen Sinn mehr. Nur wenn wir auf jede Form der Eroberung verzichten, um das scheinbar Nutzlose zu erhalten, bleibt dieses ein Schlüssel zum Kosmos und zu uns selbst. Die wilde Natur als Medium für uns Menschen. Erforschen und Erleben werden unter diesem Gesichtspunkt und auf die Dauer zwei sich ausschließende Tätigkeiten. Die Neugierde des einzelnen an sich und der Welt schwindet mit der aufgeschlüsselten Welt. Deshalb brauchen wir auch unerforschte »Wilderness«.
Primär gebe ich der Wildnis einen Erholungs- und Erkenntniswert. Mag das Unterwegssein dort noch so absurd erscheinen, für das einzelne Individuum kann es »sinnvoll« sein: Es gibt uns die Möglichkeit, Maß zu nehmen. Die »weißen Flecken« auf der Landkarte, Gebirge, ohne Seilbahnen und Markierungen, Wüsten, Urwälder, Pole, nenne ich »White Wilderness«. Sie müssen uns wieder »heilig« werden, denn dort ist ein Stück Offenbarung möglich. Das intuitive Erkennen der Welt: ihre Unendlichkeit und Begrenztheit; ihre Friedlichkeit und Grausamkeit.

White Wilderness

L'aventure poussée à l'extrême fera toujours partie de ma vie et je souhaite qu'elle soit également possible pour les autres. C'est pourquoi j'ai développé l'idée de la «White Wilderness».
Pendant des millénaires, certains endroits ont été considérés comme sacrés et inviolables. C'était le domaine des dieux, du néant, le siège de la connaissance généralement cachée ou accessible uniquement aux élus. Grâce aux possibilités de la technique, l'homme a accès partout et exploite également ces «lieux saints» dans un but profane. Ce faisant il détruit un milieu auquel j'aimerais donner le nom d'«université pour les naïfs».
Au début de ce siècle, l'homme s'est donné pour tâche d'explorer les dernières régions sauvages de notre planète, d'éliminer de la carte les «taches blanches». L'aventure est devenue une fin en soi. La «conquête de l'inutile» n'a aujourd'hui plus aucun sens. Ce n'est que si nous renonçons à toute forme de conquête de l'apparemment inutile qu'il restera la clé du cosmos et de nous-mêmes. La nature sauvage en tant que media pour l'homme. Considérées sous cet angle, l'exploration et l'aventure deviendront finalement deux activités incompatibles. La curiosité de l'individu vis-à-vis de lui-même et du monde diminue à mesure que les connaissances sur le monde s'accroissent. Aussi avons-nous besoin d'une nature sauvage inexplorée. Je considère en premier lieu que la nature sauvage est un moyen de détente et de connaissance. Il peut paraître absurde de s'y rendre mais cela peut avoir un sens pour l'individu. «White Wilderness», c'est le nom que je donne aux «taches blanches» sur la carte – aux montagnes, dans la mesure où elles ne sont pas encore accessibles par des téléphériques et des sentiers tracés, aux déserts, aux forêts vierges, aux pôles. Ceux-ci doivent redevenir «sacrés» pour nous car ils sont un moyen de révélation. La connaissance intuitive du monde; de son infinité et de ses limites; de son caractère pacifique et de sa cruauté.

White wilderness

Extreme adventure will always be a part of my life, and I hope that it is also possible for others. That is why I have developed the idea of the "White Wilderness".
Throughout the millenia, certain places have been regarded as sacred and inviolable. The gods, or the guardian of the void, resided there, or they were the seats of usually hidden knowledge which was attainable only by the elect. Technology makes the ends of the earth accessible to man, and he is now busy exploiting these "sacred places" for profane purposes. In doing so he is destroying a medium which I should like to call the "university for the naive".
At the beginning of this century man made it his aim to explore the last remaining wild regions on earth, to erase the "white patches" from the map. Adventure became an end in itself. The "conquest of the useless" no longer makes sense today. The apparently useless will survive as a key to the cosmos and to ourselves only if we preserve it by deliberately refraining from conquering it in any way. The wilderness as a medium for man: seen in this light, exploring and experiencing will ultimately prove to be incompatible activities. The curiosity of the individual about himself and the world decreases as detailed knowledge of the world increases. That is why we need unexplored wilderness.
For me, the main function of the wilderness is to provide recreation – in the best sense of the word – and the means of achieving self-knowledge. Travelling in the wilderness may at times seem absurd, but it can make sense for the individual.
My name for the "white patches" on the map – the mountains, in so far as they have not been opened up with the aid of cable railways and marked routes, the deserts, the jungles, the Poles – is "White Wildernesses": these must become "sacred" again, for they are a source of revelation. Intuitive knowledge of the world: its boundlessness and finiteness, its peacefulness and cruelty.

▸ Mount Robson, 3954 m, Kanada
In den kanadischen Rocky Mountains gibt es so viel Wildnis wie sonst kaum noch irgendwo. Wälder, Wasser und wilde Berge, die vom Massentourismus verschont geblieben sind. Der Mount Robson gehört dazu. Ob er bereits 1890 oder erst 1909 bestiegen worden ist, bleibt umstritten. Es ist aber nicht so wichtig, von wem und wann ein Gipfel erstmals »erobert« wurde, sondern vielmehr, wie unberührt er bleibt. Wenn jeder seinen Müll wieder mit ins Tal zurückbringt, kann auch der milliardste Besteiger noch einen ursprünglichen Berg erklettern und die Erlebnisse des Pioniers auskosten.

▸ Mount Robson, 3954 m, Canada
Presque nulle part ailleurs, on ne trouve autant de nature sauvage que dans les montagnes Rocheuses canadiennes. Des forêts, de l'eau et des montagnes sauvages qu'a épargnées le tourisme de masse. Le Mount Robson en fait partie. On ne sait pas exactement s'il a été gravi pour la première fois en 1890 ou en 1909. Toutefois, il n'est pas si important de savoir par qui et quand un sommet a été «conquis» pour la première fois, ce qui compte c'est la mesure dans laquelle il est resté intact. Si chacun redescend ses déchets dans la vallée, le milliardième grimpeur pourra encore escalader une montagne «vierge» et se sentir l'âme d'un pionnier.

▸ Mount Robson, 12,972 ft, Canada
There is more wilderness to be found in the Canadian Rockies than in almost any other region of the world: forests, water, and wild mountains which have been spared the onslaught of mass tourism. Mount Robson is part of this wilderness. It is not certain whether the first ascent was in 1890 or 1909. However, the question of when and by whom a peak was first "conquered" is not so important, more essential is the extent to which it has remained unspoilt. If everyone were to bring his or her rubbish back down the mountain, then even the billionth climber would be able to enjoy a "primeval" mountain and the feeling of being a pioneer.

▲ **Mount Assiniboine, 3618 m, Kanada**
Das Felsgebirge der Rocky Mountains wurde im letzten Jahrhundert bereist und entdeckt. Dabei fielen einige Gipfel besonders auf, so der Mount Assiniboine, der oft als das »kanadische Matterhorn« bezeichnet wird. So wenig solche Vergleiche Sinn machen, diese formschöne Pyramide ist einmalig. 1901 wurde ihr Gipfel erstmals erreicht.

▲ **Mount Assiniboine, 3618 m, Canada**
C'est au siècle dernier que l'on a vraiment découvert les montagnes Rocheuses et en particulier certains de leurs sommets comme le Mount Assiniboine, souvent appelé le «Cervin canadien». Si ce genre de comparaison ne rime pas à grand-chose, il n'en reste pas moins que cette merveilleuse pyramide est unique. Son sommet a été atteint pour la première fois en 1901.

▲ **Mount Assiniboine, 11,870 ft, Canada**
The Rocky Mountains were not properly explored until the last century, when a number of oustanding peaks made a special impression on various travellers: Mount Assiniboine, for example, which has often been described as the "Canadian Matterhorn". Such comparisons are really rather pointless, as every mountain, including this beautiful pyramid, which was first climbed in 1901, is unique.

Freisein

Ich möchte kein Vorbild sein. Mit 25 Jahren glaubte ich, eine Botschaft zu haben. Es war die Renaissance des Freikletterns. Heute lächle ich über mich und gehe den Weg des »by fair means« weiter. Jeder muß seinen eigenen Weg finden. Ich habe meinen Weg für mich gefunden. Wenn du deinen Weg finden willst, dann geh' den deinen.
Im praktischen Leben nicht mehr gebraucht zu werden, ist eine meiner Visionen: Ich möchte manchmal so frei sein, daß ich alle praktischen Dinge vergessen kann. Im Rhythmus der westlichen Industriegesellschaft, in der ich aufgewachsen bin und zu der ich gehöre, ist diese Vision nicht lebbar. Und in Tibet oder in Kanada kann ich nur zeitweise leben. Der Wunsch, die Autarkie bis zur Beinaheauflösung zu treiben, bleibt ein Traum, solange ich nicht lerne, wie Milarepa in Tibet ohne Ansprüche zu leben. Oder versuche, wie der wohlhabende John Muir vor knapp hundert Jahren in den Rockys, alles vergessend, durch die Wildnis zu wandern. Beide Männer waren keine Menschenverächter. Beide waren Suchende, und beide gingen einen anderen Weg als den, den die Eroberer und Ausbeuter gewählt hatten.
Der Wunsch, da sein zu können, ohne noch da sein zu müssen, ist bei mir sehr stark. Ab und zu möchte ich leben, ohne daß es mich braucht. Sicher, dieser Wunsch besteht nur zeitweilig. Aber er ist da. Er bleibt trotzdem eine Vision. Nicht deshalb, weil man mich für ihn verspottet, sondern weil ich ihn nicht zu Ende denken kann: Nicht mehr da sein zu müssen und trotzdem intensiv weiterleben zu können. Die Erhebung des Geistes über die Materie ist Voraussetzung für Kreativität, nicht Menschenverachtung. Ich bilde mir nicht ein, über irgendeinem anderen Menschen zu stehen, auch wenn ich den Wunsch habe, mich ab und zu frei von Verantwortung entfalten zu können.

Etre libre

Je ne veux pas servir de modèle. A 25 ans, je croyais avoir un message à transmettre. C'était l'époque de la renaissance de l'escalade libre. Aujourd'hui, je souris en me remémorant cela et je continue sur la voie de l'alpinisme «by fair means». Chacun doit trouver sa voie. J'ai trouvé la mienne. Si l'on veut trouver une voie, il faut suivre sa propre voie.
L'un de mes rêves est d'être délivré de toutes les contingences de la vie quotidienne: j'aimerais parfois être libre au point de pouvoir oublier toutes les choses pratiques. Mais dans le rythme de la société industrielle occidentale où j'ai grandi et dont je fais partie, ce rêve n'est pas réalisable. Et je ne peux vivre qu'un certain temps au Tibet ou au Canada. Le désir de pousser l'autarcie jusqu'à la presque dissolution restera un rêve aussi longtemps que je ne pourrais pas apprendre à vivre sans exigence comme Milarepa au Tibet ou que ne je voudrais pas tout oublier et passer ma vie à marcher dans la nature sauvage tel le riche John Muir dans les Rocheuses il y a près d'un siècle. Ces hommes n'étaient pas des misanthropes. Ils étaient à la recherche de quelque chose et tous deux suivirent une autre voie que celle qu'avaient choisie les conquérants et les exploiteurs.
Le désir d'être sans devoir être est très fort chez moi. De temps en temps, j'aimerais vivre sans que la vie exige rien de moi. Certes, ce désir n'est qu'intermittent. Mais il est là. Il demeure toutefois un rêve. Non pas parce que l'on se moque de moi pour ne pas savoir le mener jusqu'au bout: le rêve de ne pas avoir à être là et de pouvoir néanmoins vivre intensément. Savoir élever l'esprit au-dessus de la matière est une condition pour la créativité non pas pour la misanthropie. Je ne m'imagine pas être supérieur aux autres même si j'aspire parfois à être dégagé des responsabilités pour pouvoir me réaliser.

Freedom

I do not wish to be anyone's hero. When I was 25 I believed I had a message. It was the periode when free climbing was enjoying a renaissance. Today I smile at the man I was then, and continue on my way using "fair means" only. Everyone has to find his or her own way. I have found my own. If you wish to find a way, then search for one yourself.
My way has long included the dream of shedding responsibility for the practical things of life: at times I yearn to be free enough to dismiss all practical considerations. Such a dream cannot be realized in the rhythm of the Western industrial society in which I grew up and to which I belong – and I can only live for part of my time in Tibet or Canada. The wish to become autarkic to the extend of near-dissolution will remain a dream as long as I cannot learn to live without making any demands on life – like Milarepa in Tibet, or do not wish simply to forget everything and spend my life wandering through the wilderness – like wealthy John Muir in the Rockies almost a hundred years ago. These men were not misanthropes. They were both seekers, and both chose ways that were different from those of the conquerers and exploiters.
I have a great desire to be able to be without the pressure of having to be. Every now and then I want to live without life making demands on me. Admittedly, this feeling is only sporadic. But it is there. And yet it remains a dream. Not because I am mocked for failing to turn my dream into reality: the dream of opting out of everyday responsibility and nevertheless continuing to live intensively. Raising the spirit to a level higher than matter is a pre-condition for creativeness, not for misanthropy. The fact that I sometimes have the desire to fulfil myself free of all responsibility does not mean that I consider myself superior to other people.

◀▶ Devils Tower, 264 m, USA
56 Kilometer nordwestlich von Sundance steht dieser Vulkanstumpf, der den phantasiereichen Namen Devils Tower (Teufelsturm) trägt. Hier in der Heimat der Sioux-Indianer war dieser phantastische Obelisk Anregung für Sagen und Mythen. Am Gipfelplateau soll ihr Schatz versteckt gewesen sein. Schon 1892 wurden der Devils Tower und die umliegenden Wälder zum Nationalpark erklärt, und bald darauf baute ein einheimischer Farmer durch eine der Felsrinnen eine Leiter aus verkeilten Holzprügeln, die er an Touristen »vermietete«. Dieser unfaire und gleichzeitig gefährliche Anstieg wurde nach ersten Todesopfern verboten. Mit zwei amerikanischen Kletterern bestieg F. Wiessner den Berg 1937 »by fair means«. Der Devils Tower ist heute ein beliebter Klettergipfel, auf den drei Dutzend verschiedene Routen führen.

◀▶ Devils Tower, 264 m, USA
Cette haute tour en basalte au nom évocateur (tour du Diable) s'élève à 56 kilomètres au nord-ouest de Sundance. Cet obélisque fantastique inspira de nombreuses légendes et mythes. Selon l'une d'elles, le trésor des Sioux était caché sur le plateau sommital. La Devils Tower et les forêts avoisinantes furent déclarées parc national en 1892 et, peu après, un fermier du coin construisit dans un couloir rocheux une échelle en bois qu'il «loua» aux touristes. Ce moyen déloyal et en même temps dangereux fut interdit lorsqu'on déplora les premiers morts. Accompagné de deux grimpeurs américains, F. Wiessner escalada la montagne «by fair means» en 1937. La Devils Tower est aujourd'hui un sommet d'escalade populaire auquel mènent trois douzaines de voies différentes.

◀▶ Devil's Tower, 865 ft, USA
This volcanic stump, with its suggestive name, rises in Wyoming, 34 miles north-west of Sundance. Here, in the homeland of the Sioux Indians, this fantastic monolith inspired many sagas and folk tales, one of which says that the treasure of the Sioux was once hidden on the plateau at the top. Devil's Tower and the surrounding forests were declared a National Park in 1892, and soon after that a local farmer constructed a wooden ladder up a gully which he allowed tourists to use for a consideration. This unethical and at the same time precarious route was banned after the first deaths occurred. In 1937, F. Wiessner reached the summit with two American companions using only fair means. Devil's Tower is now a popular climbing peak, with three dozen routes leading to the top.

▸ Grand Teton, 4196 m, USA
In den Rocky Mountains, im gleichnamigen Nationalpark in Wyoming, steht die Grand-Teton-Kette, eines der beliebtesten Berggebiete der Amerikaner. Ausgeprägte Felsgestalten (Own, Middle Teton, Grand Teton) und hohe Wände stehen zwischen Karen und Firnen. Das Gebiet hat westalpine Ausstrahlung. Der Grand Teton ist ein mächtiger Gipfel. 1872 wurde der Berg erstmals bestiegen. Die Nordwand, eine berühmte und schwierige Tour, gelang 1936. Die Tetons sind zum Wandern, für Skitouren – hier eignet sich vor allem das in der Nähe liegende Hochtal Jackson Hole – und für leichtes und extremes Klettern ideal.

▸ Grand Teton, 4196 m, USA
La Teton Range est située dans les montagnes Rocheuses, dans le Grand Teton National Parc dans le Wyoming. C'est une des régions montagneuses les plus populaires d'Amérique. D'intéressantes formations rocheuses (Own, Middle Teton, Grand Teton) et de hautes parois s'intercalent entre des cirques et des champs de névé. La région rappelle les Alpes occidentales. Le Grand Teton est un puissant sommet qui a été escaladé pour la première fois en 1872. La face nord, célèbre et difficile, a été vaincue en 1936. La Teton Range est idéale pour les randonnées pédestres et à ski – la proche et haute vallée de Jackson Hole convient fort bien à ces dernières – et pour les courses en montagne

▸ Grand Teton, 13,766 ft, USA
The Teton Range, in the Grand Teton National Park in Wyoming, is part of the Rocky Mountains. Striking fault block peaks (for example, Own, Middle Teton, Grand Teton) are interspersed with cirques and névé fields. The region is reminiscent of the western Alps. Grand Teton, a magnificent peak, was first climbed in 1872, the famous and difficult North Face in 1936. The Teton Range is ideally suited for walking or skiing tours – for the latter, the nearby Jackson Hole, an upland valley, is particularly suited – and also for rock-climbing of all grades, from easy to extremely

◀▶ **Monument Valley, ca. 3400 m, USA**
Zufällig war ich zwischen Arizona und Utah. Da stehen diese kühnsten aller Türme, 300 Meter hoch, eine Herausforderung für jeden Kletterer. Trotzdem habe ich verzichtet. Frei hätte ich diese Felsen – im Bild links der Totempfahl – nicht klettern können, und technisch wollte ich nicht hinauf. Am Berg habe ich gelernt – wie im Leben –, Kompromisse zu schließen. Wie oft habe ich mich selbst zurückgenommen! Da gibt es tausend Gründe und Notwendigkeiten. Was man nicht kann, soll man nicht machen Tragisch aber wäre es, sein Selbstverwirklichungsstreben aufzugeben für irgendeinen -ismus.

◀▶ **Monument Valley, env. 3400 m, USA**
Je me suis trouvé par hasard entre l'Arizona et l'Utah où sont situées les plus curieuses de toutes les tours rocheuses, 300 m de hauteur, un défi pour tout grimpeur. Et pourtant j'y ai renoncé. Je n'aurais pas pu les escalader en libre – à gauche sur la photo le «Totem Pole» en forme d'aiguille – et je ne voulais pas avoir recours à des moyens techniques. J'ai appris dans la montagne – comme dans la vie – à faire des compromis. Combien de fois ai-je dû me retenir. Pour mille et une raisons. Il ne faut pas faire ce que l'on ne peut pas. Mais il serait tragique de renoncer à une tentative d'auto-réalisation par égard pour un quelconque «isme».

◀▶ **Monument Valley, ca. 11,000 ft, USA**
I happened to be in the area between Arizona and Utah, where these most fantastic of all rock towers are to be found; rising to almost 1,000 ft, they are a challenge to every climber. I could not have climbed these rocks – the one in the left-hand picture is aptly called Totem Pole – without using artificial aids, and so I refrained. The mountains have taught me to compromise. How often have I held myself back – for all kinds of reasons. One simply has to accept that some things are impossible. But it would certainly be tragic to give up one's attempt at self-realization merely for the sake of some "ism" or other.

Klettersport

Soll Bergsport olympische Disziplin werden? Im Moment wird daran gebastelt und gebremst. Ich sehe dies mit einem lachenden und einem weinenden Auge. Der Wettkampf nimmt der Sportart nämlich etwas Wesentliches: die anarchistische Komponente.
Bis gestern hat es den direkten Wettkampf beim Klettern nicht gegeben. Ich frage mich natürlich, ob es besser ist, einen verschlüsselten Wettkampf zu führen oder einen offenen. Ich gebe gleichzeitig zu bedenken, daß fast alle Sportarten mit Wettkampfcharakter in die Hände von Bürokraten und Managern geraten sind. Der Sportler selbst fungiert oft nur noch als Marionette.
Der Alpinismus hatte über zwei Jahrhunderte eine starke anarchistische Komponente. Niemand bestimmte über den anderen. Wir waren selbst Ideatoren unserer Taten, Gesetzgeber über das Wie und Richter am Ende. Alles in einer Person.
Heute werden in den USA, Frankreich, Spanien, Italien, Bulgarien, der UdSSR, Österreich und der Bundesrepublik Deutschland Wettkämpfe ausgetragen. Es besteht ein starkes Interesse (von Kletterern, Sportverbänden, der Industrie), Klettern zur Olympiadisziplin werden zu lassen.
Wenn solche Wettkämpfe an künstlichen Wänden und in der Halle ausgetragen werden, ist nichts dagegen einzuwenden. Wenn aber für jeden Wettkampf Felsen präpariert werden müssen, opfern wir jedes Mal ein Stück Naturlandschaft. Nur wenn der El Capitan, die Dolomiten und alle natürlichen Felsen auf der Welt aus dem Spiel bleiben, werde ich die »Athleten an der Senkrechten« bei olympischen Spielen beobachten.
Mir geht es nicht darum, moralische Richtlinien zu entwerfen. Wie käme ich auch dazu, anderen meine Lebensvorstellungen zu empfehlen! Denn einen Weg für alle gibt es nicht; sowenig es die absolute Wahrheit gibt. Mir geht es um das Medium Fels, das wichtiger ist als tausend Medaillen.

L'escalade

L'alpinisme doit-il devenir une discipline olympique? On pèse pour le moment le pour et contre. Ce qui suscite en moi des sentiments mitigés. La compétition retire en effet quelque chose d'essentiel à ce sport: ses éléments anarchistes.
Récemment encore, il n'y avait pas de compétition directe dans l'escalade. Je me demande évidemment s'il est préférable d'avoir une compétition fermée ou ouverte. Je rappelle en même temps que presque tous les sports compétitifs ont fini entre les mains des bureaucrates et des managers et que ceux-ci ont le plus souvent réduit le sportif à un rôle de marionnette.
Pendant deux siècles, l'alpinisme a eu une forte composante anarchiste. Il n'y avait aucun règlement. Nous suivions nos propres règles, étions à la fois les législateurs et les juges de nos actes.
Aujourd'hui, on organise des compétitions aux Etats-Unis, en France, en Espagne, en Italie, en Bulgarie, en URSS, en Autriche et en République fédérale d'Allemagne. Un vif intérêt (de la part des alpinistes, des associations sportives, de l'industrie) existe pour faire de l'alpinisme une discipline olympique. Si de telles compétitions sont organisées sur des parois artificielles ou en salle, il n'y a rien à redire à cela. Mais si, pour chaque compétition, il faut préparer des rochers, c'est un morceau de nature que nous sacrifierons chaque fois. Ce n'est que si El Capitan, les Dolomites et toutes les autres parois rocheuses naturelles du monde sont exclues que je serai disposé à suivre ce genre de compétitions aux Jeux Olympiques.
Ce n'est pas que je veuille établir un code de conduite. Comment pourrais-je d'ailleurs recommander ma conception de la vie aux autres! Car il n'existe pas de voie unique pour tous pas plus qu'il n'y a de vérité absolue. Ce qui m'importe, c'est le media rocher, qui est plus important que 1000 médailles.

Rock-climbing

Should mountaineering be made into an Olympic discipline? The idea has its supporters and opponents. I'm of two minds about it. Competition deprives this sport of an essential feature: its anarchistic element.
Until very recently there was no form of direct competition in rock-climbing. But I naturally ask myself if it's better to have covert or overt competition in the sport. At the same time it should be remembered that nearly all competitive sports have ended up in the hands of bureaucrats and managers, with the result that the sportsmen have often been reduced to little better than puppets. Over the course of two centuries, alpinism had a strong anarchistic component. No one made rules for others to follow. We followed our own rules, were the legislators and judges of our own actions in one person.
Now competitions are carried out in the USA, France, Spain, Italy, Bulgaria, the Soviet Union, Austria, and the Federal Republic of Germany. There is a strong movement (supported by climbers, sports associations, and industry) to make the sport an Olympic discipline. If such competitions are held only on climbing walls and indoors then there can be no objection to them. But if natural rock-faces have to be prepared for each competition then we will be sacrificing a piece of nature every time. Only if El Capitan, the Dolomites, and all the world's natural rock-faces are excluded will I be prepared to watch such competitions during the Olympic Games.
It is not that I am trying to set up a code of conduct. Far be it from me to impose my ideas of life on others! For there is no such thing as one way for all, any more than there is such a thing as absolute truth. What I am concerned about is the medium rock, which is more important than a thousand medals.

▸ **El Capitan, 2307 m, USA**
Fast 1000 Meter hoch sind die Südabstürze des El Capitan im Yosemite Valley in Kalifornien. Lange Zeit war gerade diese Wand die Hochburg des Kletterns weltweit. Das heutige Sportklettern hat der amerikanischen Yosemite-Schule viele Anregungen zu verdanken. Die Kante zwischen Licht und Schatten, genannt »The Nose«, wurde 1958 in 47 Klettertagen erschlossen. Heute versuchen Wiederholer mit immer weniger Steighilfen auszukommen. Es gibt ein Dutzend »big-wall«-Klettereien am »El Cap« und eine gute Anzahl von Kombinationsmöglichkeiten.

▸ **El Capitan, 2307 m, USA**
Les parois sud abruptes de ce puissant monolithe situé dans la Yosemite Valley en Californie ont près de 1000 mètres de hauteur. Pendant longtemps, elles ont été un centre d'escalade mondial. Et l'escalade, telle qu'on la pratique aujourd'hui, doit beaucoup à l'école américaine de Yosemite. Le bord entre la lumière et l'ombre appelé «The Nose» a été escaladé en 1958 en 47 jours. Aujourd'hui, les grimpeurs tentent de renouveler cet exploit mais avec de moins en moins de moyens techniques. Il existe une douzaine de routes de «big wall» au «El Cap» et une bonne douzaine de variantes.

▸ **El Capitan, 7,564 ft, USA**
The sheer southern walls of this mountain in the Yosemite Valley in California are some 3,000 ft high. For a long time they were the focal point of climbing worldwide, and modern climbing has received many impulses from the American Yosemite school. The profile between light and shadow in the picture, called the Nose, was scaled in 1958, employing siege tactics, with forty-seven days being spent on the rock. Today repeat climbs are attempted using less and less in the way of artificial aids. There are a dozen "big wall" routes on "El Cap", and a good number of combination options.

Südamerika
Amérique du Sud
South America

◀ Cordillera Real, Südamerika
Die grandiose Cordillera Real, die Königskordillere, ist weit über 6000 Meter hoch und hat ihre höchsten Erhebungen in Illampu (6362 m) und Illimani (6462 m).

▼▶ Popocatépetl, 5452 m, Mexiko
Dieser vereiste und dennoch rauchende Vulkan, links der Krater, hat eine aufregende Erstbesteigungsgeschichte. Schon um 1502 soll Montezuma zehn seiner Leute zum Studium des Vulkans auf den Berg geschickt haben. Diego de Ordaz will 1519 auf dem Gipfel gewesen sein. Heute gehen so viele hinauf, daß sie nicht mehr gezählt werden können.

▲▶ Popocatépetl, 5452 m, Mexique
Ce volcan couronné de neiges éternelles tout en étant en activité, à gauche le cratère, a une histoire passionnante de premières. Dès 1502, Montezuma aurait envoyé dix de ses hommes pour étudier le volcan et Diego de Ordaz a prétendu l'avoir escaladé en 1519. Aujourd'hui, il est si souvent escaladé qu'on ne peut plus compter les ascensions.

◀ Cordillera Real, Amérique du Sud
La grandiose Cordillera Real, la «Cordillère Royale», a bien plus de 6000 mètres de hauteur et culmine à l'Illampu

▲▶ Popocatépetl, 17,877 ft, Mexico
This icy and yet smoking volcano (the crater is shown on the left), has a dramatic first ascent history. It is said that Montezuma sent ten of his people up to study the volcano in 1502, and Diego de Ordaz claimed to have scaled it in 1519. Nowadays it is climbed so frequently that the ascents are no longer counted.

◀ Cordillera Real, South America
The magnificent Cordillera Real, the "Royal Cordillera", is well over 20,000 ft high, its highest peaks being Illampu,

Bergsteiger werden

Bergsteiger wird man nicht von heute auf morgen. Das Bergsteigen sollte man ganz langsam lernen, in vielen kleinen Schritten. Es braucht viele tausend Schritte, um auf einen Berg hinaufzukommen. Es braucht mehrere Jahre, bis man verantwortungsbewußt bergsteigen kann. Nicht der gute, der erfahrene Bergsteiger ist der bessere.
Lehrbücher bieten nur Erfahrung aus zweiter Hand. Für den Bergsteiger gilt: Er muß vor Ort lernen. Für den Anfänger ist dies riskant. Folglich sollte er sich einem Bergführer oder einer Bergsteigerschule (Kletterschule, Alpinschule) anvertrauen.
In welcher Reihenfolge – Fels oder Eis zuerst, wandern oder klettern vorweg – jemand das Bergsteigen lernt, ist nicht wichtig. Nur wer in jedem Gelände, bei jedem Wetter, allein und in der Gruppe da oben zurechtkommt, ist ein Allroundbergsteiger. Nur ein solcher wird sich im Klettergarten, auf den Viertausendern der Alpen wie auch auf den Sechstausendern Südamerikas sicher und wohl fühlen.
Nachdem es nun über ein Jahrzehnt lang Mode war, als Sportkletterer nur in Mittelgebirgen und im oberen Schwierigkeitsbereich zu steigen, geht die Tendenz jetzt wieder zurück zu den Gebirgen: Man lernt klettern, um auf einen Berg steigen zu können.

Devenir alpiniste

On ne devient pas alpiniste du jour au lendemain. L'alpinisme doit s'apprendre lentement, à très petits pas. Et il en faut des milliers pour escalader une montagne. Il faut plusieurs années avant de devenir un alpiniste responsable. Ce n'est pas le bon mais l'alpiniste expérimenté qui est le meilleur.
Les manuels n'offrent qu'une expérience de seconde main. L'alpiniste doit apprendre sur le terrain. Pour le débutant, cela est dangereux. Aussi fera-t-il bien de suivre un guide de montagne ou de s'inscrire dans une école d'escalade ou d'alpinisme. L'ordre dans lequel on apprend les techniques de l'alpinisme – roche ou glace d'abord, randonnée ou escalade – importe peu. Ce n'est que lorsque l'on peut affronter n'importe quel terrain, par n'importe quel temps, seul ou en groupe que l'on est un alpiniste accompli. Seul un alpiniste achevé se sentira sûr et à l'aise aussi bien dans une école d'escalade que dans les quatre mille des Alpes ou dans les six mille d'Amérique du Sud.
Pendant plus d'une décennie, la mode a été de ne grimper que dans des montagnes moyennes et dans la zone de difficulté supérieure mais aujourd'hui la tendance revient à la montagne en ce sens que l'on apprend à escalader pour pouvoir grimper sur une montagne.

Becoming a mountaineer

One cannot become a mountaineer overnight. Mountaineering should be learned very slowly, step by step. Many thousands of steps are necessary to climb a mountain. It takes several years before the beginner becomes a responsible climber. It is experience rather than sheer skill that makes a good mountaineer.
Text books offer only second-hand experience. The mountaineer must learn in the mountains. This is a risky business for the beginner, so to start with he should engage a mountain-guide or join a climbing or mountaineering school. The order in which these techniques are learned – rock or ice first, or walking or climbing – is unimportant. Only someone who can cope in every terrain, in every weather, alone, or in a group, can call himself an all-round mountaineer. Only such a climber will feel secure and happy on a practice climb, in the High Alps, or in the Andes. For over a decade it was fashionable to climb only at sub-alpine altitudes and to concentrate on the upper grades of difficulty, but now there is a tendency to return to the real thing: rock techniques are once again being learned with a view to climbing mountains.

◂ **La Monja – El Altar, 5300 m, Ecuador**
Mit seinem breiten Gipfel sieht dieser Fünftausender in der Tat wie ein Altar aus. Seine Hängegletscher aber lassen ihn bedrohlich erscheinen: kein leichter und dazu ein gefährlicher Berg.

◂ **La Monja – El Altar, 5300 m, Equateur**
Avec son large sommet, ce cinq mille a effectivement l'air d'un autel. Mais ses glaciers suspendus lui donnent un aspect menaçant: c'est une montagne difficile et en outre dangereuse.

◂ **La Monja – El Altar, 17,388 ft, Ecuador**
The broad summit of this mountain does, indeed, resemble an altar. But its hanging glaciers give it a threatening appearance: a difficult and dangerous mountain.

▸ Cotopaxi, 5897 m, Ecuador
Dieser gleichmäßige Eis- und Lavakegel, er ist der höchste aktive Vulkan der Erde, hat bereits Alexander von Humboldt derart begeistert, daß er den Aufstieg versuchte. Leider kam er 1802 nur bis auf eine Höhe von knapp 4500 Meter. Trotzdem hinterließ er uns einen spannenden Bericht und Skizzenzeichnungen über den geologischen Aufbau sowie über Fauna und Flora an den Steilhängen des Cotopaxi. Erstmals bestiegen wurde der Berg erst 1872. Heute wird dieser hohe Fünftausender von Touristen aus aller Welt begangen. Es ist eine anstrengende Bergtour ohne nennenswerte technische Schwierigkeiten, wobei am Äquator die Schneegrenze bei ca. 5000 Meter liegt. Bis 4300 Meter Höhe verkehrt ein Autobus, obwohl der Berg und sein Umland zum Nationalpark erklärt worden sind.

▸ Cotopaxi, 5897 m, Equateur
Ce cône régulier de glace et de lave – le volcan en activité le plus haut de la terre – avait déjà tellement enthousiasmé Alexandre von Humboldt qu'il en avait tenté l'ascension. Malheureusement, il n'arriva en 1802 qu'à une hauteur d'à peine 4500 m. Il nous a laissé néanmoins un compte rendu passionnant et des croquis de la structure géologique ainsi que de la faune et de la flore sur les versants abrupts du Cotopaxi. La première ascension n'a eu lieu qu'en 1872. Aujourd'hui, il est escaladé par des touristes du monde entier. C'est une course en montagne fatigante mais sans difficultés techniques notables. A l'Equateur, la limite des neiges éternelles se situe à env. 5000 mètres d'altitude. Un autobus va jusqu'à 4300 mètres bien que la montagne et ses environs aient été déclarés parc national.

▸ Cotopaxi, 19,347 ft, Ecuador
This symmetrical cone of ice and lava – the world's highest active volcano – already impressed Alexander von Humboldt so much that he tried to climb it in 1802. Unfortunately he only succeeded in attaining a height of about 14,700 ft, but he drew sketches and wrote a fascinating report on the mountain's geological structure and the fauna and flora on its steep slopes. The first ascent was in 1872. Nowadays Cotopaxi is climbed by tourists from all over the world. It is a strenuous tour without any notable technical difficulties. Here, at the Equator, the snow limit lies at about 16,500 ft. A bus runs up to over 14,000 ft, although the mountain and the surrounding area have been declared a National Park.

▲ **Chimborazo, 6387 m, Ecuador**
Alexander von Humboldt hat diesen Berg im Jahr 1802 versucht. Er kam bis auf eine Höhe von 5800 Meter. Der Geograph und Naturforscher hat mit seiner exzellenten Beobachtungsgabe und mit viel Fleiß Fakten zum besseren Verständnis des Chimborazo zusammengetragen. 1880 wurde sein Gipfel erstmals erreicht. Heute ist dieser Sechstausender ein regelrechter »Modeberg«.

▲ **Chimborazo, 6387 m, Equateur**
Alexandre von Humboldt a également tenté l'escalade de cette montagne en 1802. Il est arrivé jusqu'à 5800 mètres d'altitude. Avec son excellent don d'observation et beaucoup d'application, le géographe et naturaliste a réuni des données intéressantes sur le Chimborazo dont le sommet a été vaincu pour la première fois en 1880. Aujourd'hui, ce six mille est devenu une véritable «montagne à la mode».

▲ **Chimborazo, 20,954 ft, Ecuador**
Alexander von Humboldt also attempted to climb this mountain in 1802. He reached a height of over 19,000 ft. A geographer and naturalist, von Humboldt was a keen observer, and collected a lot of data on Chimborazo and the region. The mountain was first climbed in 1880. In the meantime it has become a truly "fashionable" mountain.

Der Tod

Der Name des höchsten Berges in Ecuador bedeutet »König des Todes«. Er kommt aus dem Ketschua.
Als Alexander von Humboldt 1802 ein gutes Stück auf den Chimborazo stieg, riskierte er Kopf und Kragen. Während seiner Südamerika-Forschungsreise gelang ihm, ohne besondere bergsteigerische Mittel, in Straßenschuhen eine bergsteigerische Glanztat. Zusammen mit Carlos Montufar und dem französischen Botaniker Aimé Bonpland kam er auf eine Höhe von fast 5800 Meter.
»Der Tod ist ihnen dabei nicht begegnet«, obwohl sie mit der »dünnen Luft« zu kämpfen hatten.
Viele Jahre hindurch stieg ich auf Berge, ohne an den Tod zu denken. Er kam in meinen Plänen und Erinnerungen nicht vor. Plötzlich war das anders. Plötzlich war Günther, mein Bruder, der mich auf Hunderten von schwierigen Klettertouren begleitet hatte, tot. Es war ein Schock. 16 Jahre später starb auch mein Bruder Siegfried an den Folgen eines Bergunfalls. Der Tod hat mich in einer engen, menschlichen Beziehung getroffen. Zwei meiner Brüder sind am Berg ums Leben gekommen.
Trotzdem, dem Tod bin ich am Berg nie »begegnet«. Dem Tod kann man auch nicht ins Auge schauen. Er ist keine Person. Der Tod aber als unausweichliche Tatsache ist mir am Berg bewußt geworden.
Die Berge haben ihre Ausstrahlung deshalb für mich nicht verloren. Ich weiß jetzt: Der Tod ist das bestimmende Moment in diesem Leben. Ich lebe jetzt intensiver. Auch weil ich ein Sterbender bin. All meine Kräfte, Energien und Sinne drängen nach Leben. Ich richte mich nicht danach, was nachher sein könnte oder was andere in das »Leben nach dem Tod« hineinlegen. Das interessiert mich nicht. Der Tod gibt meinem Leben eine eindeutige Richtung. Es ist begrenzt. Würde ich nicht sterben, würde ich anders leben. Ich weiß, daß ich sterbe. Und weil ich sterbe, lebe ich intensiv.

La mort

Le nom de la plus haute montagne d'Equateur signifie «Roi de la mort». Il vient du quechua.
Lorsque Alexandre von Humboldt escalada une bonne partie du Chimborazo en 1802, il risqua sa vie. Pendant son voyage d'exploration en Amérique du Sud, il avait réussi sans moyens d'ascension particuliers, en chaussures de ville, un exploit d'alpiniste. Avec Carlos Montufar et le botaniste français Aimé Bonpland, il était arrivé à près de 5800 mètres d'altitude.
«Ils n'avaient pas rencontré la mort» bien qu'ils aient eu des problèmes avec «l'air raréfié».
Pendant de nombreuses années, j'ai escaladé les montagnes sans songer à la mort. Elle n'intervenait pas dans mes projets et mes souvenirs. Cela changea d'un coup. Soudain, Günther, mon frère, qui m'avait accompagné dans des centaines d'escalades difficiles, était mort. Ce fut un choc. 16 ans plus tard, mon frère Siegfried mourait également à la suite d'un accident de montagne. La mort m'a ainsi touché de façon très proche, très personnelle. Deux de mes frères sont morts dans la montagne.
Pourtant, je n'ai jamais «rencontré» la mort dans la montagne. On ne peut pas regarder la mort en face. Ce n'est pas une personne. Mais, dans la montagne, j'ai pris conscience de la mort comme d'un fait inévitable.
Les montagnes n'ont pas perdu pour autant de leur attrait pour moi. Je sais maintenant que la mort est le moment décisif dans cette vie. Je vis à présent plus intensément. Egalement parce que je suis conscient d'être mortel. Toutes mes forces, mon énergie, mes sens me poussent vers la vie. Je ne me préoccupe pas de ce qui pourra venir après, ou de la «vie après la mort» que certains s'imaginent. Cela ne m'intéresse pas. La mort donne à ma vie une orientation bien définie. Ma vie est limitée. Si je ne devais pas mourir, je vivrais autrement. Je sais que je mourrai. Et parce que je le sais, je vis intensément.

Death

The name of Ecuador's highest mountain means "Lord of Death". It is a Quechuan word.
When Alexander von Humboldt climbed a fair way up Chimborazo during his South American expedition in 1802 he took his life in his hands. Without any special mountaineering aids, and wearing only normal shoes, he and his companions, Carlos Montufar and the French botanist Aimé Bonpland, reached an altitude of about 19,000 ft: a brilliant mountaineering achievement.
They had difficulties with the "thin air", but they "did not encounter death".
For many years I climbed mountains without thinking of death. The concept never occured to me. This changed at a stroke. Suddenly my brother Günther, who had accompanied me on hundreds of difficult climbs, was dead. It was a shock. 16 years later, my brother Siegfried died after a mountaineering accident. Death has thus affected me in a highly personal manner. Two of my brothers have died in the mountains.
And yet I have never "encountered" death in the mountains. You cannot stare death in the face. Death is not palpable. But it was in the mountains that I became conscious of the inevitability of death.
Yet the mountains have lost none of their attraction for me. I now know: death is the most important fact of life. I now live more intensively – partly because I am conscious of my mortality. All my strength, energies, and senses are concentrated on living. I don't concern myself with what might come afterwards, or with other people's theories concerning "life after death". That does not interest me. Death gives my life a definite direction by limiting it. If I did not have to die I would live differently. But I know that I will die. And because of that I live intensively.

▼▶ **Huascarán, 6768 m, Peru**
Der höchste Berg Perus liegt im Zentrum der weißen Kordillere. Er hat zwei Gipfel, der südliche ist 6768 m hoch, der nördliche etwa hundert Meter niedriger. 1932 glückte einer deutschen Expedition die erste Besteigung des Gipfels. Heute sind der Huascarán und seine Umgebung ein Naturpark. Es besteht somit Hoffnung, daß die Ursprünglichkeit dieser Andenwelt erhalten bleibt.

▲▶ **Huascarán, 6768 m, Pérou**
Situé au centre de la Cordillera Blanca, c'est le point culminant des Andes du Pérou. Il a deux sommets, le méridional a 6768 m de haut, le septentrional a une centaine de mètres de moins. En 1932, une expédition allemande réussit la première ascension du sommet. Aujourd'hui, l'Huascarán et ses environs sont un parc naturel. On peut donc espérer que le caractère primitif de cette région des Andes pourra être conservé.

▲▶ **Huascarán, 22,205 ft, Peru**
This mountain, in the middle of the Cordillera Blanca, is Peru's highest. It has two summits, the principal one being 22,205 ft, the other about 350 ft less. In 1932 a German expedition made the first ascent. Huascarán and its surroundings are now a conservation area, so there is a chance that the primeval quality of this part of the Andes may be preserved.

Einsamkeit

Am Chimborazo ist es schwierig geworden, Einsamkeit zu erleben. Der Berg ist oft überlaufen. Ob die Einsamkeit zum Bergsteigen gehört? Nicht mehr und nicht weniger, wie sie zum Leben gehört.
Die Einsamkeit ist ein Faktum. Sie ist nicht negativ oder positiv, sie gehört wertfrei zum Menschsein. Die Einsamkeit ist ein wesentliches Problem des Menschen. Viele von uns fürchten sie. Seit Anfang seiner Existenz muß sie den Menschen beschäftigt haben. Wie der Tod. Einsamkeit und Tod sind nahe miteinander verwandt. Vielleicht besteht sogar eine Identität zwischen Einsamkeit und Tod. Leider wollen viele von uns diese Realität nicht wahrhaben. Wir denken nicht an den Tod und fliehen vor der Einsamkeit.
Beim Bergsteigen bin ich gezwungen, mich diesen beiden Tatsachen zu stellen: Einsamkeit und Tod. Ich bin überzeugt davon, daß jeder von uns als einzelner lebt. Auch wenn viele Individuen zusammen oder nebeneinander leben, jeder ist ein einzelner. Zum Glück kann sich jeder im Leben unendlich viele Brücken bauen. Das hilft, die Einsamkeit zu ertragen, löst sie aber nicht auf. Du hast Freunde, Eltern, Kinder, einen Partner. Du arbeitest und flüchtest dich in eine Bar, wenn du dich nicht mehr zurecht findest. Das alles sind Hilfen, trotzdem »stirbt jeder für sich allein«. Das ist der Beweis dafür, daß jeder allein im Leben steht. Am Berg, bei einem Alleingang, ist das nicht anders. Nur wird dir diese Tatsache dort oben rasch bewußt, und vielleicht lernst du, mit Tod und Einsamkeit zu leben.

La solitude

Il est à présent difficile de trouver la solitude au Chimborazo. La montagne est souvent embouteillée. La solitude fait-elle partie de l'alpinisme? Ni plus ni moins qu'elle fait partie de la vie.
La solitude est un fait, ni négatif ni positif. Elle fait partie de l'existence humaine. C'est un problème essentiel de l'homme. Beaucoup d'entre nous la redoutent. Elle a dû préoccuper l'homme depuis le début de son existence. Tout comme la mort. La solitude et la mort sont étroitement liées. Il y a peut-être même une similitude entre la solitude et la mort. Malheureusement, beaucoup d'entre nous ne veulent pas voir cette réalité. Nous ne pensons pas à la mort et fuyons la solitude.
En escaladant les montagnes, je suis obligatoirement confronté à ces deux éléments: la solitude et la mort. Je suis convaincu que chacun d'entre nous vit seul. Même si de nombreux individus vivent ensemble ou les uns à côté des autres, chacun est seul. Fort heureusement, dans la vie, il y a de nombreux moyens de «s'en sortir». On a des amis, des parents, des enfants, un partenaire. On travaille et quand rien ne va plus on se réfugie dans un bar. Tout cela aide, néanmoins dans la mort on est seul. Ce qui prouve que dans la vie également on est seul. Dans la montagne, dans une course en solitaire, il n'en est pas autrement. Mais vous prenez plus vite conscience de ce fait et vous pouvez peut-être apprendre à vivre avec la mort et la solitude.

Loneliness

It is difficult nowadays to experience loneliness on Chimborazo. The mountain is often crowded. Is loneliness a sine qua non of mountaineering? No – no more and no less than it is of life itself.
Loneliness is a fact, neither negative nor positive. It is simply a part of human existence. Loneliness is one of man's perennial problems. Many of us fear it. It must have been one of man's intimate concerns since the very beginning. Like death. Loneliness and death are closely related. Perhaps they are different forms of the same thing. But unfortunately many of us will not accept this reality. We refuse to think of death, and try to escape from loneliness.
When mountaineering I am forced to accept these two elements: loneliness and death. I'm convinced that each of us lives solely as an individual. Even when many individuals live together or close to one another they remain individuals. Fortunately, life provides innumerable "escape routes". They make loneliness easier to bear, but do not eradicate it. You have friends, parents, children, a partner. You work, and escape to the nearest bar if you can't cope. All these things help, but you nevertheless have to die your own death. This is proof of the fact that you also have to live your own life. A solo climb in the mountains is no different. It is just that the mountains help you to grasp the fact more quickly, and you may then perhaps learn to live with loneliness and death.

▶ **Tocllaraju, 6032 m, Peru**
Der eigenwillige Sechstausender in der Cordillera Blanca ist nicht so berühmt wie einige seiner Nachbarn. Er ist deshalb nicht weniger schön. Hier kann eine Seilschaft noch auf ihrer eigenen Spur auf- und absteigen. Hier ist Einsamkeit möglich. 1936 wurde er erstmals bestiegen.

▶ **Tocllaraju, 6032 m, Pérou**
Cet imposant six mille dans la Cordillera Blanca n'est pas aussi célèbre que certains de ses voisins mais il n'en est pas moins beau. Ici, une cordée peut encore monter et descendre sur sa propre voie. Ici, la solitude est encore possible. La première ascension a eu lieu en 1936.

▶ **Tocllaraju, 19,790 ft, Peru**
A fine peak in the Cordillera Blanca, not as famous as some of its neighbours, but no less beautiful for that. Here climbers can still create their own routes up and down the mountain. Here solitariness can still be found. Tocllaraju was first climbed in 1936.

▸ **Chopicalqui, 6356 m, Peru**
Von den Sechstausendern der Anden ist einer schöner als der andere. Der Chopicalqui in der Cordillera Blanca ist bekannt wegen seiner Form und der zerrissenen Gletscher an seinem Fuß. Er ist häufig erklettert worden, 1932 das erste Mal. Wer nun aber glaubt, dieser Berg biete keinerlei bergsteigerische Probleme, hat sich getäuscht. Die Schwierigkeiten bei einem so hohen Berg hängen vorwiegend von den Schneeverhältnissen und vom Wetter ab. Und diese sind Tag für Tag, Jahr für Jahr anders.

▸ **Chopicalqui, 6356 m, Pérou**
Les six mille des Andes rivalisent de beauté. Le Chopicalqui dans la Cordillera Blanca est célèbre par sa forme et les glaciers déchiquetés à son pied. Il a été souvent escaladé, pour la première fois en 1932. Mais on aurait tort de croire que cette montagne ne présente aucun problème d'escalade. Dans une montagne aussi haute, les difficultés viennent essentiellement des conditions d'enneignement et du temps. Et ceux-ci changent d'un jour à l'autre et d'une

▸ **Chopicalqui, 20,853 ft, Peru**
It is hard to decide which of the high peaks in the Andes is the greatest. Chopicalqui in the Cordillera Blanca is well-known for its beautiful form and the rugged glaciers at its foot. It has frequently been climbed – the first time was in 1932 – but anyone who thinks this peak presents no climbing problems is very much mistaken. In the case of such high mountains, the difficulties depend primarily upon the snow conditions and the weather. And these change from

Egoismus

Bergsteiger sind nicht weniger Egoisten als andere Menschen auch. Nur die Schönmalerei der späten Romantik hat den Bergsteigern jenen Idealismus angedichtet, den sie nicht leben. Deshalb wehre ich mich so vehement dagegen.
Der Egoismus ist nicht positiv oder negativ. Er ist eine Tatsache. Wir sind doch alle Egoisten. Der Egoismus muß endlich wertfrei gesehen werden.
Wenn jemand andere ausbeutet, um weiterzukommen, ist das Egoismus mit negativem Vorzeichen, Ellenbogentaktik, die mir nicht liegt. Ich glaube nicht, daß wir eine Ellenbogengesellschaft sind. Von vornherein will der Mensch die anderen nicht aus dem Weg schieben. So sind wir nicht veranlagt. Wir wollen uns entfalten und ausdrücken. Das ist ein Teil von uns, Inhalt unseres Daseins. Wir dürfen es auch – aber nie über die Köpfe der anderen hinweg. Wir sind alle ähnlich angelegt, und jeder hat die gleiche Lebensberechtigung. Auch das gleiche Recht, sich zu entfalten.
Am Berg nun ist gerade dieses Sich-Entfalten, das Ersinnen und Klettern von neuen Routen eine grandiose Möglichkeit. Eine Möglichkeit, sich auszudrücken. Es braucht Phantasie dazu, Kenntnis der Bergstruktur und der Natur. Vor allem braucht es die Energie, Träume in die Tat umzusetzen. Mit Egoismus als Ellenbogentaktik hat das wenig zu tun. Ich nenne es lieber Lebenslust, Durchschlagskraft.

L'égoïsme

Les alpinistes ne sont pas plus égoïstes que les autres gens. La fin de la période romantique leur a attribué un idéalisme qu'ils n'ont pas et c'est pourquoi je m'inscris en faux avec tant de véhémence contre cette idée.
L'égoïsme n'est ni positif ni négatif. C'est un fait. Nous sommes tous des égoïstes et il est temps de considérer l'égoïsme de façon objective.
Lorsque quelqu'un exploite les autres pour avancer, c'est là un égoïsme négatif que je désapprouve. Je ne crois pas que nous soyons une société d'égoïstes car au départ nous ne voulons pas écarter les autres de notre chemin. Nous ne sommes pas faits ainsi. Nous voulons nous épanouir et nous exprimer. C'est là une partie de nous-mêmes, le but de notre existence. C'est également notre droit mais pas aux dépens des autres. Nous sommes tous faits de la même façon et chacun de nous a les mêmes droits légitimes, y compris le droit de se réaliser. En montagne, le fait de réfléchir à de nouvelles routes, de les tracer offre une magnifique possibilité de se réaliser, de s'exprimer. Il faut de l'imagination pour cela et des connaissances de la structure des montagnes et de la nature. Mais il faut surtout de l'énergie pour transposer ses rêves dans la réalité. Cela n'a pas grand-chose à voir avec l'égoïsme, avec la façon de jouer des coudes. Je dirais plutôt qu'il s'agit de joie de vivre, d'endurance.

Egoism

Mountaineers are no less egoistic than other people. But the late Romantic period clothed them in a mantle of idealism that does not fit them, which is why I resist the idea so vehemently. Egoism in itself is neither a positive nor a negative thing. It is simply a fact. We are all egoists, and it's high time that egoism was seen objectively.
The exploitation of others in order to advance oneself is a negative form of egoism, of self-assertion, which I find objectionable. I don't believe that we are an egoistic society in this sense. Fundamentally, we don't want to push others out of our way. We are not built like that. We want to fulfil and express ourselves. That is an essential part of us, the purpose of our lives. And we should do it – but not at the expense of others. We are all built to a similar pattern, and everyone has the same existential rights, including the right to fulfil himself. The mountains offer a splendid way of self-fulfilment, of self-expression, in the form of working out new routes and then translating them into action. This requires imagination, and knowledge of mountain structures and of nature. But above all, it calls for the energy to translate dreams into reality. This has little to do with self-assertion at the expense of others. I prefer to call it resolution.

▲ **Taulliraju, 6300 m, Peru**
Der abweisende Felsberg in der Cordillera Blanca ist mit einem gigantischen Wächtengrat »gekrönt«. Für extreme Allroundbergsteiger bieten sich heute noch einige schwierige Erstbegehungsmöglichkeiten an. – Die Anden sind nicht übererschlossen wie ein Großteil der Alpen.

▲ **Taulliraju, 6300 m, Pérou**
Cette montagne à l'aspect redoutable dans la Cordillera Blanca est «couronnée» par une gigantesque corniche. Pour les grimpeurs complets de haut niveau, il existe encore quelques possibilités d'effectuer des premières difficiles. – Les Andes ne sont pas encore aussi surexploitées qu'une grande partie des Alpes.

▲ **Taulliraju, 20,669 ft, Peru**
This forbidding mountain in the Cordillera Blanca is "crowned" by a gigantic cornice. – The Andes have not yet been as over-exploited as some parts of the Alps, and so there are still a few potential first ascents waiting for the top-rate all-round mountaineer even today.

◀ **Chacraraju, 6113 m, Peru**
Der zweigipfelige Sechstausender, es gibt einen West- und einen Ostgipfel, ist typisch für die Cordillera Blanca. Dieser Riffelfirn! Diese Wächtengrate! Beim Anblick mischt sich bei mir die Lust, da oben zu stehen, mit der Angst, durch eine Schneewächte zu brechen und abzustürzen. Es ist alles so zerbrechlich, so entrückt. Eine phantastische Welt! 1956 konnte erstmals eine Bergsteigergruppe auf den Westgipfel geführt werden. 1962 gelang die Besteigung des Hauptgipfels. Es ist keine Angstlust, die mich antreibt, auf diese Gipfel zu steigen. Es ist die Neugierde und das Bedürfnis, mich zu bewegen, etwas zu wagen. Es ist auch die Spannung zwischen Fremde und Vertrautheit.

◀ **Chacraraju, 6113 m, Pérou**
Cette montagne à deux sommets, un est et un ouest, est typique pour la Cordillera Blanca avec son névé nervuré et ses corniches. En la contemplant, l'envie de me trouver au sommet se mêle chez moi à la peur de tomber dans une corniche. Tout semble si fragile, si lointain. Un monde fantastique! En 1956, un groupe d'alpinistes a pu pour la première fois accéder au sommet ouest. En 1962, ce fut l'ascension du sommet principal. Ce n'est pas l'amour de la peur qui me pousse à escalader ces sommets. C'est la curiosité, le besoin d'être actif et le goût du risque. C'est également ce besoin de tension entre l'inconnu et le connu.

◀ **Chacraraju, 20,056 ft, Peru**
With its ribbed névé and its cornices, this twin-peaked mountain (it has a west and an east peak) is typical of the Cordillera Blanca. Looking at it induces mixed feelings: the desire to be at the top, and the fear of breaking through a cornice and falling. It all looks so fragile, so remote: a fantastic world! The first expedition reached the west summit in 1956, and the principal summit was climbed in 1962. It is not the love of fear that drives me to climb such peaks, but curiosity, and the need to be active and to take a risk. It is also the feeling of tension that is generated by a combination of alien and familiar conditions.

▶ Artesonraju, 6025 m, Peru
Nicht weniger schön als der Nevado Alpamayo (links im Bild) ist die Pyramide des Artesonraju (rechts im Bild), der bereits 1932 bestiegen worden ist.
▼ Nevado Alpamayo, 6120 m, Peru
Dieser berühmte Berg gilt als einer der schönsten der Cordillera Blanca. Nach mehreren Anläufen wurde der Gipfel 1957 erstmals erreicht.

▲ Nevado Alpamayo, 6120 m, Pérou
Cette montagne célèbre passe pour être l'une des plus belles de la Cordillera Blanca. Après plusieurs tentatives, elle a été escaladée pour la première fois en 1957.
▶ Artesonraju, 6025 m, Pérou
Non moins belle que le Nevado Alpamayo (à gauche sur la photo) est la pyramide de l'Artesonraju (à droite sur la photo) qui a été gravie dès 1932.

▲ Nevado Alpamayo, 20,079 ft, Peru
This famous mountain is regarded as one of the finest in the Cordillera Blanca. After several attempts, the first ascent succeeded in 1957.
▶ Artesonraju, 19,767 ft, Peru
No less beautiful than Nevado Alpamayo (on left of picture) is the pyramid formed by Artesonraju (on right of picture), which was already climbed in 1932.

Alleingang

Auch der Jirichhanca ist schon im Alleingang bestiegen worden. Wahnsinn – sagen die klassischen Bergsteiger. Größenwahn sagen uns Philosophen nach. Haben sie recht? Was ist nun die Motivation für dieses Steigen ohne Hilfe, ohne Partner, allein auf sich gestellt. Entspricht der Wunsch, etwas ganz alleine zu machen, es alleine zu Ende zu führen, der Versuchung, sich an die Stelle eines – wie immer definierten oder gedachten – Gottes zu setzen? Das wird vielfach so gesehen. Das sei, im Ansatz wenigstens, Größenwahnsinn. Auch mir wirft man das immer wieder vor. Mein Wunsch aber, selbst zu schöpfen, ist größer denn je.

Wenn es einen Gott gibt, sind auch wir Gott. Ich bin kein Pantheist und kein Buddhist, fühle mich diesen Lebenshaltungen aber nahe. Auch einem Spinoza, Goethe, Milarepa fühle ich mich nahe, die in der Natur das Göttliche ahnten. In uns allen stecken alle Gesetzmäßigkeiten und Kräfte, die göttlich sind. Was andere als »Gott« beschwören, bezeichne ich als Kosmos, Naturgesetz, Leben.

Wenn ich unter diesen himmelragenden Felsgestalten stehe, kann ich nicht anders als staunen. Und ich respektiere die Kräfte und Gesetzmäßigkeiten, die solche Gipfel auftürmen und die Täler dazwischen auswaschen konnten.

L'escalade en solitaire

Le Jirichhanca a également été gravi en solitaire. De la folie, disent les alpinistes classiques. De la mégalomanie, disent les philosophes. Ont-ils raison? Qu'est-ce qui motive donc celui qui entreprend une telle ascension sans aide, sans partenaire, en ne comptant que sur lui-même?

Est-ce le désir de faire tout tout seul, d'aller jusqu'au bout seul, la tentation de se mettre à la place d'un Dieu – qu'il soit défini ou imaginé? C'est souvent interprété de cette manière, considéré comme un début de mégalomanie. On m'a également fait ce reproche. Mais mon désir de créativité est plus fort que jamais.

S'il y a un Dieu, alors nous sommes aussi Dieu. Je ne suis ni panthéiste ni bouddhiste mais je me sens proche de ces croyances; d'un Spinoza, d'un Goethe, d'un Milarepa qui pressentaient le divin dans la nature. Nous avons en nous toutes les lois et les forces qui sont divines. Ce que les autres appellent «Dieu» a nom pour moi cosmos, loi de la nature, vie.

Lorsque je suis au pied de ces tours rocheuses qui se dressent dans le ciel, je ne peux être qu'émerveillé. Et je respecte les forces et les lois qui ont élevé de tels sommets et creusé des vallées entre eux.

Solo climbing

Jirichhanca has also been climbed solo. Madness, says the classical mountaineer. Megalomania, says the philosopher. Are they right? What is the motivation for such climbs without any support, without a partner, with the climber totally dependent upon himself?

Is the desire to do something all on one's own, to carry it through all alone, the equivalent of putting oneself in the place of God – however he may be defined or imagined? It is often interpreted as such, or is at least regarded as incipient megalomania. I am also frequently accused of this. But my desire to be creative is stronger than ever.

If there is such a thing as god, then we are also god. I'm not a pantheist, nor a Buddhist, but I have a great sympathy for these two beliefs – for Spinoza, Goethe, and Milarepa, for example – who considered that the divine resides in nature. We are all repositories of natural laws and forces which are divine. What others call "god" I call cosmos, the laws of nature, life.

When I stand beneath these towering structures of living rock I can only marvel. And I respect the forces and laws which created such peaks and scoured out the valleys between them.

▸ **Jirichhanca, 6126 m, Peru**
Ähnelt er nicht einem überdimensionalen Vogelschnabel? Er ist sicher der kühnste Gipfel der Cordillera de Huayhuash und einer der schönsten der gesamten Anden. 1957 wurde er erstmals erreicht. Eine Pioniertat, die ich nur bewundern kann.

▸ **Jirichhanca, 6126 m, Pérou**
Le Jirichhanca Grande a la forme d'un gigantesque bec d'oiseau. C'est certainement le sommet le plus ardu de la Cordillera de Huayhuash et un des plus beaux de toutes les Andes. Il a été escaladé pour la première fois en 1957, un haut fait de pionnier que je ne peux qu'admirer.

▸ **Jirichhanca, 20,098 ft, Peru**
Jirichhanca Grande looks like a super-dimensional bird's beak. It is certainly the most striking summit in the Cordillera Huayhuash, and one of the finest in the whole of the Andes. The first ascent in 1957 was a pioneering achievement.

Herausgerissen sein

Am Yerupaja Grande, in der Ostwand, kletterte ich mit Peter Habeler. Es war meine erste Auslandsbergfahrt, und ich war froh, nicht allein zu sein. Als junger Mann war es schwierig für mich, allein zu sein. Ich wurde dazu erst fähig, nachdem ich mich von allen starken Bindungen befreit hatte.
In den sechziger Jahren habe ich mehrere der damals schwierigsten Touren der Alpen allein geklettert. Ich kletterte also solo, oft sogar ohne Seil. Ich war aber nicht nur voller bergsteigerischem Ehrgeiz, ich war auch ängstlich. Deshalb habe ich nachts keinen Alleingang begonnen. Nachts hatte ich Angst. Erst wenn es Tag wurde, wenn ich sah, konnte ich klettern. Dann war die Einsamkeit weg. An den Achttausendern wurde diese Angst vor dem Alleinsein mein Problem. Ich habe öfters einen Alleingang dort versucht und bin gescheitert. Aus Angst vor dem Alleinsein. 1978 wollte ich es mir selbst beweisen, daß ich es kann. Am Nanga Parbat habe ich es endlich geschafft. Dieser Alleingang ist meine wichtigste Tour geblieben. Bis heute. Dabei habe ich gelernt, wie stark mich diese Einsamkeit macht. Sie hat mich gehoben, getragen, weit über alle vermeintlichen Grenzen hinweg. Eine nächste wesentliche Erfahrung mache ich vielleicht,wenn ich sterbe. Zu wissen, ich bin jetzt mein eigener Gesetzgeber, mein eigener Kontrolleur, mein eigener Richter, ist befreiend und bedrückend zugleich. In dieser Weise herausgerissen zu sein aus dieser Welt, habe ich als Steigerung empfunden. Herausgerissen werden bedeutet auch: erkennen von draußen. Ich bin auch jetzt allein. Aber das ist etwas anderes.

En dehors du monde

J'ai fait l'ascension de la face est du Yerupaja Grande avec Peter Habeler. C'était ma première ascension à l'étranger et j'étais content de ne pas être seul.
Lorsque j'étais jeune, il m'était difficile d'être seul. Je n'ai été capable de me tirer d'affaire seul qu'après m'être libéré de tous les liens étroits.
Dans les années soixante, j'ai réalisé en solitaire plusieurs des ascensions les plus difficiles à l'époque dans les Alpes. Je grimpais seul, souvent même sans corde. Mais je n'étais pas seulement animé d'une ambition d'alpiniste, j'avais également peur. C'est pourquoi je n'ai jamais entrepris d'escalade en solitaire la nuit. Ce n'est que lorsque le jour venait, que je voyais, que je pouvais grimper. Je ne me sentais plus solitaire. Cette peur d'être seul fut un problème pour moi dans les huit mille. J'y ai souvent tenté une ascension en solitaire et j'ai échoué. Par peur de la solitude. En 1978, j'ai voulu me prouver à moi-même que j'étais capable de la surmonter. J'y suis enfin parvenu au Nanga Parbat. Cette ascension en solitaire est restée pour moi la plus importante. Jusqu'à maintenant. J'y ai appris combien la solitude me rend fort. Elle m'a soulevé, porté, bien au-delà de toutes les frontières présumables. Peut-être referai-je une expérience aussi essentielle lorsque je mourrai. De savoir que l'on fait soi-même sa loi, que l'on est son propre maître, son propre juge est à la fois libérateur et oppressant. Etre ainsi arraché du monde a été pour moi une expérience sublime, transcendante. A présent, je suis également seul. Mais c'est quelque chose de différent.

Out of this world

I once climbed the East Face of Yerupaja Grande with Peter Habeler. It was my first climb abroad, and I was glad not to be alone. When I was a young man I found it difficult to be alone. I only became really capable of being on my own after I'd freed myself of all close ties.
In the Sixties I soloed a number of the then most difficult Alpine climbs, often without even a rope. But I was not only full of mountaineering ambition – I was also fearful. That is why I never started a solo climb at night. I was afraid at night. Only when day broke, and I could see, could I climb. Then my loneliness disappeared. This fear of being alone became a problem for me in mountains in the 8,000 m range. I've often tried solo climbs there and have failed for this reason. In 1978 I wanted to prove to myself that I could bring it off. I managed it at last on Nanga Parbat. For me, that solo climb was the most important one ever. During that climb I learned how much strength I could draw from loneliness. It elevated me, carried me – right across all the imagined frontiers. The next similarly essential experience for me may be my death. To know that you are your own law-giver, your own master, own judge, is liberating and oppressive in one. I found being torn out of this world in such a way an exalting experience. It also meant: objective experience. I'm also alone now. But that is something different.

◀ **Yerupaja Grande, 6634 m, Peru**
Vor allem von Osten wirkt dieser stolze Gipfel in der Cordillera de Huayhuash auf seinen Betrachter übermächtig. Nach einem gescheiterten Versuch 1936 gelang 1950 die Erstbesteigung über den Südwestgrat.

◀ **Yerupaja Grande, 6634 m, Pérou**
C'est surtout vue de l'est que cette fière montagne de la Cordillera de Huayhuash fait une forte impression. Après une tentative infructueuse en 1936, elle a été gravie pour la première fois en 1950 par l'arête sud-ouest.

◀ **Yerupaja Grande, 21,765 ft, Peru**
This proud mountain in the Cordillera Huayhuash makes an overwhelming impression, especially from the east. After an unsuccessful attempt in 1936 it was climbed via the south-west ridge in 1950.

◀ **Huayna Potosi, 6088 m, Bolivien**
Wie viele Male ist der auch Caca Aca genannte Berg schon bestiegen worden? Und immer noch kennen wir seine Höhe nicht genau. Eine Karte gibt ihn mit 6220 m an, eine andere mit 6088 m. All diese Höhen sind nicht exakt. Die Höhe aber ist nicht das einzige Maß dieser Berge. Das Licht, das je nach Stunde und Jahreszeit wechselt, und die Formen sagen mir mehr. Was bleibt schon von den technischen Daten, wenn wir wieder im Tal zurück sind? Wenig oder nichts. Aber wir haben Ausblicke gespeichert, tragen das Erlebnis mit uns, auch Tiefblicke und ein Maß dieser Berge, das nicht in Fuß oder Metern wiedergegeben werden kann.

◀ **Huayna Potosi, 6088 m, Bolivie**
Combien de fois ce sommet, appelé également Caca Aca, a-t-il été escaladé? Et pourtant nous ne connaissons toujours pas sa véritable hauteur. Une carte indique 6220 m, une autre 6088 m. Aucun de ces chiffres n'est exact. Mais l'altitude n'est pas le seul critère d'appréciation de cette montagne. La lumière qui change avec l'heure et la saison, et les formes en disent beaucoup plus. Que reste-t-il donc des informations techniques lorsque nous nous retrouvons dans la vallée. Très peu ou rien. Mais nous avons fait provision d'images et d'expériences, recueilli des impressions sur la montagne qui ne peuvent s'exprimer en pieds ou en mètres.

◀ **Huayna Potosi, 19,974 ft, Bolivia**
How often has this peak, also called Caca Aca, been climbed? And yet we still do not know its precise height. Some sources state 19,974, others 19,996 ft, or even 20,407 ft. None of these figures is exact – but height is not the only measure of these mountains, for the light, which changes according to time of day and season, and the contours and forms mean more to me. What do we remember of the technical data when we are down below again? – little or nothing. But we have stored the views and the experience, have gained insights, and have appreciated the mountains in a way that cannot be expressed in feet or metres.

◀▼ **Cerro Fitz Roy, 3375 m, Argentinien**
In der Sprache der Ureinwohner wird er Chalten, »der rauchende Berg«, genannt. Er ist der höchste Gipfel einer kleinen Berggruppe in Patagonien. Ohne Zweifel gehört dieser Granitturm zu den aufregendsten Felsformationen der Welt. 1952 wurde er erstmals bestiegen.

◀▲ **Cerro Fitz Roy, 3375 m, Argentine**
Appelé également Chalten, «la montagne fumante», dans la langue des aborigènes, c'est le plus haut sommet d'un petit groupe de montagnes en Patagonie. Cette tour de granit fait incontestablement partie des formations rocheuses les plus fascinantes du monde. Elle a été escaladée pour la première fois en 1952.

◀▲ **Cerro Fitzroy, 11,073 ft, Argentina**
Also called Chalten ("the smoking mountain") in the local language, Fitzroy (also: Fitz Roy) is the highest peak in a small group of mountains in Patagonia. This granite tower is undoubtedly one of the world's most spectacular rock formations. It was first climbed in 1952.

Schrei aus Stein

Toni Egger, einer der besten Kletterer der fünfziger Jahre, ist am Cerro Torre ums Leben gekommen. Dieser Berg, den die Einheimischen als einen »zu Stein gewordenen Schrei« umschreiben, ist sein Grabmal.
Wir haben alle Angst vor dem Moment, in dem dieses Leben zu Ende geht. Nur einige wenige Male bin ich so weit gegangen, daß sich diese Angst aufgelöst hat. Sie war nicht mehr da. Kein Schreck vor dem Tod, keine Selbstzweifel mehr. Auch kein Wille weiterzumachen. Ich habe mich mit dem eigenen Tod identifiziert. Ich habe mich dabei nicht auf das Sterben gefreut, nein. Ich war nur einverstanden damit. Ich war ruhig. Ich habe mir selbst gesagt: »Jetzt sterbe ich.« Und es war gut so. »Jetzt kann mir nichts mehr passieren«, dachte ich. Nach diesen Erfahrungen – ich denke jetzt an den Nanga Parbat 1970 oder an den Manaslu 1972 – habe ich die Tatsache, daß ich sterbe, angenommen. Wenn diese Erfahrung aber wieder weit weg ist, kommt die Angst zurück, die Angst vor dem Tod.
Als Günther, mein nächstjüngerer Bruder, am Nanga Parbat umkam, war ich 25 Jahre alt. Ich war vorher völlig naiv, was den Tod angeht. Ich habe nicht gedacht, ich sei unsterblich, aber der Tod kam in meinen Gedanken nicht vor. Ich hatte Tote am Berg geborgen. Aber das waren immer andere. Günther und ich haben uns am Berg als unverwundbare Seilschaft gesehen. Wir waren tausend Mal klettern gegangen und nie ist uns etwas passiert. Wie sollte, wie konnte das anders werden? Plötzlich war mein Bruder tot. Im ersten Moment, in einer auch für mich lebensgefährlichen Situation, fühlte ich mich alleingelassen. Ich war am Ende der Welt, verzweifelt und allein.
Ich brauchte Jahre, mit dieser Tragödie leben zu lernen. Nach und nach erkannte ich: Der Tod ist das bestimmende Moment dieses Lebens. Er steht nicht am Ende unseres Lebens wie ein Schrei, er ist wie ein Pol, der dem Dasein Spannung verleiht.

Le cri pétrifié

Toni Egger, un des meilleurs alpinistes des années cinquante est mort au Cerro Torre. Cette montagne à laquelle les autochtones ont donné le nom de «cri devenu pierre» est son tombeau.
Nous redoutons tous l'instant où cette vie viendra à son terme. Quelques fois seulement j'ai été si loin que cette peur a disparu. Elle n'était plus là. Plus de crainte de la mort, plus de doute de soi-même. Plus de volonté également de continuer. Je me suis identifié avec ma propre mort. Je ne me suis pas réjoui à l'idée de mourir, non. Je l'acceptais tout simplement. J'étais calme. Je me suis dit: «Maintenant, je vais mourir.» Et c'était bien ainsi. «A présent, plus rien ne peut m'arriver», pensais-je. Après ces expériences – je songe ici au Nanga Parbat en 1970 ou au Manaslu en 1972 – j'ai accepté le fait que je dois mourir. Mais lorsque cette expérience recule bien loin dans le passé, la peur revient, la peur de la mort.
Lorsque Günther, mon plus jeune frère, a trouvé la mort au Nanga Parbat, j'avais 25 ans. Jusque-là, je ne m'étais pas préoccupé de la mort. Je ne pensais pas être immortel mais je ne pensais pas à la mort. J'avais bien dégagé des morts dans la montagne. Mais la mort était arrivée aux autres. Günther et moi, nous nous considérions dans la montagne comme une équipe invulnérable. Nous avions fait ensemble un millier d'ascensions et il ne nous était jamais rien arrivé. Pourquoi devait-il, pouvait-il en être autrement.
Et soudain mon frère était mort. Sur le coup, dans une situation également périlleuse pour moi, je me suis senti abandonné. J'étais au bout du monde et désemparé. Je me sentais délaissé.
Il m'a fallu des mois et des années pour apprendre à vivre avec cette tragédie. Peu à peu je compris que la mort est le moment décisif de cette vie. Ce n'est pas une chose qui arrive au bout de notre vie comme un cri, c'est comme un pôle qui confère de la tension à notre existence.

The scream turned to stone

Toni Egger, one of the best climbers of the Fifties, was killed on Cerro Torre. This rock spire, which the local inhabitants have given the name "scream turned to stone", is his tomb.
We all fear the moment in which this life comes to an end. On rare occasions I have gone so far that this fear has disappeared. It was suddenly gone. No fear of death, no self-doubts anymore. And also no will to continue. I identified myself with my own death. I didn't welcome the idea of death, no – I simply accepted it. I was calm. I said to myself: "Now I'm going to die". And it was a good thing. "Now nothing more can happen to me", I thought. After these experiences – I'm now thinking of Nanga Parbat in 1970, or Manaslu in 1972 – I accepted the fact that I must die. But after such experiences have receded into the background, fear, fear of death, returns.
I was 25 years old when my brother Günther, the next youngest in the family, died on Nanga Parbat. Until that happened, death meant nothing to me. I didn't imagine that I was immortal, of course, but I simply didn't think of death. I had brought dead people down from the mountains. But death was something that happened to others. Günther and I had regarded ourselves as an invulnerable mountaineering team. We had been climbing together thousands of times without anything ever happening. How should, how could that ever change?
Suddenly my brother was dead. The situation was also potentially lethal for me, and I momentarily felt let down. I was at the end of the world and in despair. I felt deserted.
I needed years to learn to live with this tragedy. But then I gradually came to understand that death is the most important fact of life. It is not something that comes at the end of our lives like a scream, it is like a pole that lends tension and excitement to our existence.

Cerro Torre, 3128 m, Argentinien
Mit seinen Trabanten Cerro Egger und Cerro Standard bildet er ein kühnes Dreigestirn in der Fitz-Roy-Gruppe in Patagonien. Er gilt in Fachkreisen als einer der schwierigsten Berge der Welt. Es gibt am Cerro Torre heute fünf verschiedene Aufstiegswege, und doch folgen fast alle Wiederholer der Route, die der Trentiner Cesare Maestri 1970 mit Hilfe einer Bohrmaschine erschlossen hat. Inzwischen ist der Cerro Torre im Winter, im Alleingang und von einer Frau bestiegen worden.

Cerro Torre, 3128 m, Argentine
Avec ses satellites, le Cerro Egger et le Cerro Standard, il forme un intéressant trio dans le groupe du Fitz Roy en Patagonie. Il passe auprès des spécialistes pour être l'une des montagnes les plus difficiles du monde. Il existe aujourd'hui cinq voies d'ascension différentes mais presque toutes les expéditions répètent l'itinéraire ouvert en 1970 à l'aide d'une perforeuse par un alpiniste du Trentin, Cesare Maestri. Depuis, le Cerro Torre a été escaladé en hiver, en solo et par une femme.

Cerro Torre, 10,262 ft, Argentina
Together with its "satellites" Cerro Egger and Cerro Standard, Cerro Torre forms a striking trio in the Fitzroy Group in Patagonia. Experts consider it one of the world's most difficult mountains. There are now five different ascent routes, and yet nearly all repeats follow the one made by Cesare Maestri from Trento with the aid of a drill in 1970. In the meantime Cerro Torre has been climbed in winter, solo, and by a woman.

▼▶ Cerro Paine, 2360 m, Chile
Am Südzipfel von Südamerika, am Rande des Hielo Continental Sur, des südlichen Inlandeises, stehen diese in ihrer Form so eigenwilligen Türme aus Granit. Das ständig wechselnde Wetter und die einmalige Ausstrahlung von Patagonien geben diesen Bergen in der weiten Wildnis Südchiles etwas Unnahbares. Schönheit hat hier etwas Abweisendes.

▲▶ Cerro Paine, 2360 m, Chili
Ces intéressantes tours de granit se trouvent à la pointe sud de l'Amérique du Sud, en bordure du Hielo Continental Sur, l'inlandsis sud. Le temps constamment changeant et l'éclat unique de la Patagonie confèrent un caractère intangible à ces montagnes dans la vaste étendue sauvage du sud du Chili. La beauté a ici quelque chose d'austère.

▲▶ Cerro Paine, 7,743 ft, Chile
These remarkable granite towers and spires are on the southern tip of South America, at the fringe of the Hielo Continental Sur, or South Patagonian Ice-Cap. The constantly changing weather and the unique atmosphere of Patagonia lend these mountains in the extensive wilderness of southern Chile an unapproachable quality. Here, beauty and austerity go hand in hand.

Der schwierigste Berg der Welt

Da steht in Korsika dieser bizarre Granitblock. In der Eiszeit mag er dorthin gestellt worden sein. Seit Jahrtausenden steht er dort, und trotzdem ist er nicht im Gleichgewicht. Ein unmöglicher Berg? Niemand hat ihn bis heute »by fair means« bestiegen. Im Gegensatz zum Mount Everest ist dieser Monolith ohne technische Tricks unmöglich zu erklettern, und das ist es, was ihn so faszinierend macht, so schön.
Der Schwierigkeitsgrad der Berge ist so relativ wie deren Schönheit; und deshalb ist es immer falsch, vom schwierigsten Berg der Erde zu reden. Die Höhe eines Berges ist objektiv meßbar, die Kletterschwierigkeiten einer Felswand sind nur unter gegebenen Bedingungen miteinander vergleichbar. Die Gesamtschwierigkeiten eines Gipfels hängen von ungezählten Faktoren ab: von der Lage, dem Wetter, der absoluten Meereshöhe und vor allem von der Art und Weise, wie der Bergsteiger sich einem Ziel nähert. Mit Seilwurf ist der Uomo di Cagna, der weder hoch ist noch am Ende der Welt steht, schon überlistet worden, aber ohne die Seilhilfe von oben, frei, nur Hände und Füße am Fels, bleibt er ein »ungelöstes« Kletterproblem. Der Cerro Torre in Patagonien ist bisher auch noch nicht frei geklettert worden, und auch auf den Gipfel des K2 ist keiner gestiegen, ohne daß andere geholfen hätten, eine Spur zu treten, eine Route zu finden, Lager und Proviant vor Ort zu deponieren. Welcher der drei Berge der schwierigste ist? Ich kann es nicht sagen. Es hängt ganz davon ab, wie du ihnen begegnest.

La montagne la plus difficile du monde

Cet étrange bloc granitique se trouve en Corse. Il a dû y être placé pendant la période glaciaire. Il est là depuis des millénaires et pourtant il n'est pas en équilibre. Une montagne impossible? Jusqu'à présent, en tout cas, personne n'a pu la gravir «by fair means». Contrairement au mont Everest, ce monolithe ne peut être escaladé sans astuces techniques et c'est ce qui le rend si fascinant, si beau.
La difficulté d'une montagne est aussi relative que sa beauté; et c'est pourquoi il est toujours faux de parler de la montagne la plus difficile du monde. On peut mesurer objectivement la hauteur d'une montagne mais les difficultés d'escalade d'une paroi rocheuse ne sont comparables que dans des conditions données. La difficulté d'un sommet dépend d'innombrables facteurs: de la situation, du temps, de l'altitude absolue et surtout de la manière dont l'alpiniste s'approche de son but. L'Uomo di Cagna, qui n'est ni haut ni au bout du monde, a déjà été escaladé grâce à une corde jetée d'en haut, mais sans ce moyen, en n'utilisant que les mains et les pieds, il reste un problème d'escalade «insoluble». Le Cerro Torre en Patagonie n'a également pas encore été escaladé en libre et sur le sommet du K2 personne n'est encore monté sans que d'autres aient apporté une aide en traçant une voie, en trouvant une route, en établissant un camp et en transportant des provisions. De ces trois montagnes quelle est la plus difficile? Je ne saurais le dire. Tout dépend de la façon dont on les aborde.

The world's most difficult mountain

The bizarre granite block called Uomo di Cagna is in Corsica. It may have been placed there during the Ice Age. It has been standing for thousands of years, and yet it is out of balance. An impossible mountain? Well, no one has yet climbed it by "fair means".
In contrast to Mount Everest, this monolith is unclimbable without the use of technical tricks, and that is what makes it so fascinating, so beautiful.
The degree of difficulty of a mountain is as relative as its beauty; and that is why it is always wrong to speak of "the world's most difficult mountain". The height of a mountain can be measured objectively, but the difficulty of climbing it cannot. The overall difficulty of a mountain depends on innumerable factors: on its geographical position, the weather, the absolute altitude above sea level, and above all on the manner in which the mountaineer approaches his goal. The Uomo di Cagna, which is neither high, nor at the end of the world, has been outwitted by a cannily thrown rope, but without this rope, using nothing but hands and feet, it is still an "unsolved" climbing problem. The Cerro Torre in Patagonia has also not yet been climbed "free", and neither has anyone yet reached the summit of K2 without the help of others in tracing a way, finding a route, setting up camp, or transporting provisions. Which of the three is the most difficult? I can't say. It all depends on how you tackle them . . .

▲ **Uomo di Cagna, 1217 m, Korsika, Frankreich**
Uomo di Cagna bedeutet soviel wie »Mann von Cagna«. Diese eigentümliche Felsgestalt ist nur haushoch und doch einer der schwierigsten »Berge« der Welt. »By fair means« – ohne Seiltrick – ist er noch nicht bestiegen worden. So wie es für die Schönheit der Berge keinen objektiven Maßstab gibt, kann auch deren Schwierigkeit nicht eindeutig gemessen werden.

▲ **Uomo di Cagna, 1217 m, Corse, France**
«L'homme de Cagna» est le nom donné à cette étrange formation rocheuse, pas plus haute qu'une maison et qui est pourtant l'une des «montagnes» les plus difficiles du monde. Elle n'a encore jamais pu être escaladée «by fair means» – sans cordes fixes. Tout comme il n'existe pas de critère objectif pour apprécier la beauté d'une montagne, on ne peut évaluer avec précision son degré de difficulté.

▲ **Uomo di Cagna, 3,993 ft, Corsica, France**
The name can be translated as "Man of Cagna". This strange rock formation is only as high as a house, and is nevertheless one of the world's most difficult "mountains". It has not yet been scaled "by fair means" – without the use of "rope tricks" –, which goes to show that there is no precise way of gauging the degree of difficulty of mountains any more than there is an objective measure of their beauty.

Der Autor

Reinhold Messner wurde am 17. September 1944 in Brixen geboren und wuchs im Villnößtal in den Dolomiten auf. Er studierte an der Universität von Padua. Seit vielen Jahren gilt er als einer der besten Bergsteiger der Welt. Bei dreitausend Bergfahrten hat er etwa hundert Erstbegehungen durchgeführt und als erster alle vierzehn Achttausender bestiegen. Er ist Bergbauer, Buch- und Filmautor, hält Vorträge auf der ganzen Welt, dreht Dokumentarfilme und schreibt für namhafte Fachzeitschriften. Bisher hat er dreißig Bücher veröffentlicht, die in mehr als zwölf Sprachen übersetzt wurden. Nachdem er die ersten vier Jahrzehnte im Villnößtal gewohnt hat, lebt er heute auf Schloß Juval in Südtirol, wo er einen Bergbauernhof nach biologisch-dynamischer Anbauweise betreibt. Reinhold Messner bleibt auch weiterhin als Bergsteiger aktiv. Sein Interesse gilt nun vor allem den großen Sand- und Eiswüsten dieser Erde und der Erhaltung der letzten Wildnis als Urlandschaft. Über seine Entwicklung sagt Reinhold Messner: »Ich habe das Leben, das ich heute führe, nicht geplant. Ich habe auch nie davon geträumt, da ich es nicht für möglich hielt, so zu leben wie ich heute lebe! Als zweites von neun Lehrerkindern im Dolomitental Villnöß

L'auteur

Reinhold Messner est né le 17 septembre 1944 à Brixen (Bressanone) et a grandi dans la vallée de Villnöss dans les Dolomites. Il a fait ses études à l'université de Padoue. Depuis vingt ans, il compte parmi les meilleurs alpinistes du monde. Il a effectué trois mille courses en montagne dont environ une centaine de premières et a été le premier vainqueur des quatorze huit mille. C'est un paysan montagnard, un auteur de livres et de scénarios de films, il donne des conférences dans le monde entier, tourne des documentaires et collabore à des revues techniques renommées. Il a publié jusqu'à présent trente livres qui ont été traduits en plus de douze langues. Après avoir passé les premières quarante années de sa vie dans la vallée de Villnöss, il vit aujourd'hui dans le château de Juval dans le Tyrol du Sud où il exploite une ferme de montagne. Il n'en demeure pas moins un alpiniste en activité mais son intérêt se porte maintenant sur les grands déserts de sable et de glace de cette terre et la conservation des derniers coins de nature sauvage et primitive. De son parcours, Reinhold Messner dit ceci: «Je n'ai pas prévu la vie que je mène aujourd'hui. Je n'en ai également jamais rêvé car je n'ai jamais cru possible de vivre comme je vis aujourd'hui!

The author

Reinhold Messner was born in Brixen on 17th September 1944, and grew up in the Villnöss Valley in the Dolomites. He studied at the University of Padua. He has been one of the world's most outstanding mountaineers for twenty years. In the course of about three thousand mountain tours he has chalked up some hundred first ascents, and was the first to climb all the world's 8,000 m mountains. He is hill farmer, and author of books and film scripts; he lectures throughout the world, makes documentary films, and contributes to well-known specialist magazines. He has written thirty books which have been translated into more than a dozen languages. After spending the first forty years of his life in the Villnöss Valley, he now lives in Juval Castle in South Tirol, where he runs a hill farm on organic principles. Reinhold Messner is still an active mountaineer, but his interest now concentrates on the great sand and ice deserts and the preservation of the last wildernesses as primeval landscapes. Reinhold Messner says about his own development; "I did not plan the life I now lead – I did not even dream of it, because I didn't consider it possible. My father was a teacher, and I grew up as the second of nine children in the Dolo-

◀▶ Reinhold Messner hat zeit seines Lebens in den Bergen gewohnt. Als Kind wuchs er in St. Peter in Villnöß/Südtirol auf, und als Erwachsener zog er in ein eigenes Haus auf den Kirchhügel von St. Magdalena (linkes Bild), ebenfalls im Villnößtal. Dahinter ragen formvollendet die Geislerspitzen auf. Mit vierzig zog er auf den Burghügel von Juval (ca. 1000 m, rechtes Bild) am Fuße der Ötztaler Alpen, die Ortlergruppe im Blickfeld.

◀▶ Reinhold Messner a toujours vécu dans les montagnes. Enfant, il a grandi à St. Peter dans la vallée de Villnöss/Tyrol du Sud et s'est construit plus tard une maison à St. Magdalena (photo de gauche) également dans la vallée de Villnöss. Les majestueuses Geislerspitzen se dressent dans le fond. A l'âge de 40 ans, il s'est installé au château de Juval (env. 1000 m, photo de droite) au pied des Alpes de l'Ötztal, avec vue sur le massif de l'Ortler.

◀▶ Reinhold Messner has always lived in the mountains. He grew up in St. Peter in Villnöss/South Tirol, and later set up house in St. Magdalena (left-hand picture), also in Villnöss Valley. In the background rise the spectacular Geislerspitzen (Le Odle). At the age of 40 he moved to Juval Castle (ca. 3,000 ft, right-hand picture) at the foot of the Ötztal Alps, with a view of the Ortler Group.

unter Bergbauernkindern aufgewachsen, bin ich früh auf die Berge gestiegen, habe aber im übrigen bis zum Abitur getan, was man mir sagte: als Kind im elterlichen Hühnerhof gearbeitet, als Schüler gelernt und in den Ferien wieder gearbeitet. Erst nachher, befreit von allen Zwängen, habe ich gelebt, wie ich wollte. Ich habe Hoch- und Tiefbau studiert, als Lehrer Mathematik unterrichtet, geschrieben und bin geklettert, immer wieder geklettert. Es folgten die ersten Expeditionen, zu denen ich eingeladen worden bin, und seit 1971 ein Leben als freiberuflicher Alpinist. Ich halte Vorträge, schreibe Bücher, gestalte Filme und führe kleine Gruppen in die Berge und Wüsten der Welt. Dieser Zustand läßt mir die Freiheit, weiterhin zu reisen, zu klettern, fremde Völker kennenzulernen, kurz das zu tun, was mich seit jeher fasziniert hat und was mich heute noch fasziniert. Heute lebe ich in einem Renaissance-Schloß, das ich mir eigenhändig hergerichtet habe, und betreibe die Ortlhöfe und den Schloßwirt Juval. Hier kann ich langsam zum Bergbauern werden, nachdem ich mehr als dreißig Jahre Bergsteiger war.«

J'étais le deuxième d'une famille de neuf enfants, mon père était instituteur, et j'ai grandi au milieu des enfants de paysans dans la vallée de Villnöss. J'ai commencé à grimper très tôt mais, jusqu'à mon baccalauréat, j'ai fait ce qu'on me disait de faire: enfant, j'ai travaillé dans la basse-cour de mes parents, j'ai été à l'école et j'ai continué à travailler pendant les vacances. Ce n'est que plus tard, une fois libéré de toutes les contraintes, que j'ai vécu comme je l'entendais. J'ai fait des études d'ingénieur civil, ai enseigné les mathématiques, j'ai écrit et grimpé et encore grimpé. Il y a eu ensuite les premières expéditions auxquelles on m'a invité et depuis 1971 je mène une vie d'alpiniste indépendant. Je fais des conférences, écris des livres, réalise des films et guide de petits groupes dans les montagnes et les déserts du monde. Ma situation me laisse suffisamment de liberté pour continuer à voyager, faire de l'escalade, découvrir d'autres coins du monde, bref pour faire ce qui m'a toujours fasciné et me fascine encore. Je vis aujourd'hui dans un château Renaissance que j'ai restauré de mes mains. C'est ici que j'apprends à devenir un paysan montagnard après avoir été un alpiniste pendant plus de trente ans.»

mite valley of Villnöss. I started climbing at an early age, but until my final school exams I did what I was told: I helped in my parent's poultry yard, went to school, and continued to work on the farm during the holidays. Only after leaving school, freed of all restrictions, could I live the way I wanted to. I studied building construction and civil engineering, taught mathematics in school; wrote books and articles, and climbed – and climbed, and climbed.
Then came the first invitations to join expeditions, and since 1971 I have lived as a freelance alpinist. I give lectures, write books, make films, and lead small groups into the mountains and deserts. These activities leave me enough freedom for travelling, climbing, and getting to know the world and its peoples – in other words, for doing what has always fascinated me and still fascinates me today. I now live in a Renaissance castle which I have restored with my own hands and run the Ortlhöfe and Schloßwirt Juval. Here, after having been a mountaineer for thirty years, I am learning to become a hill farmer."

Register nach Kontinenten

Die Seitenzahlen verweisen auf die Bildtexte
Index par continents
Les numéros des pages renvoient aux légendes
Index by continents
The page numbers refer to the captions

Europa/Europe/Europe

Asien/Asie/Asia

Afrika/Afrique/Africa

Ozeanien/Océanie/Oceania

Nordamerika/Amérique du Nord/North America

Südamerika/Amérique du Sud/South America

Antarktis/Antarctique/Antarctica

Alphabetisches Register/Erstbesteigungen

Index alphabétique/Premières
Alphabetical Index/First Ascents

Bildquellen/Illustrations/Sources of photographs

Gerhard Baur: 168/169
Bilderberg/Fischer: 214/215 (2)
Bilderberg/Francke: 58/59
Bilderberg/Grames: 140/141
Bilderberg/Wagner: 179
Hans Engl: 138/139
Karl-Dieter Fuchsberger: 100
William Garner: 117
Archiv Huber: 171
Archiv Huber/Siegenthaler: 158/159
Sigi Hupfauer: 78, 124/125
Jürgens: 70/71
Herbert Karasek: 156/157 (2), 162/163, 164/165, 166
Dieter Kempf: 176/177, 181
Pervez A. Khan: 78/79, 80/81, 82/83, 84/85 (2), 86/87, 88/89, 90, 92/93, 96, 105
Klammet & Aberl: 2, 56/57
Heli Mägdefrau: 62/63, 147
Guido Mangold: 24/25, 32
Reinhold Messner: 7, 14, 15, 38, 64, 70, 106, 115, 121, 129, 136, 137, 172, 211, 218 (2), 219
Messner/Mutschlechner: 132
Messner/Vittorio-Sella-Archiv: 8, 11
Franz Neubauer: 60/61 (2)
Erich Reismüller: 153
Marco Schneiders: 26
Karl Schrag: 98
Wolfgang Stephinger: 66, 67
Heinz Lothar Stutte: 31, 154/155, 174, 178
Jakob Tappeiner: 40, 46/47, 50/51, 52/53
Jürgen Winkler: 12/13, 16/17, 18/19, 20, 21, 22, 25, 28/29, 33, 34, 36/37, 39, 43, 44, 48/49, 50, 54, 68/69 (2), 72/73, 74/75, 76/77, 94/95 (2), 99, 102, 103, 106/107, 108, 110/111, 112/113 (2), 114/115, 118/119 (2), 120/121, 123, 126/127, 128/129, 130/131, 132/133, 134, 148/149, 150, 151, 158, 160, 161, 182/183, 184/185 (2), 188/189, 190, 192/193 (2), 196/197, 199, 200/201, 202/203 (2), 208/209, 210/211, 213, 217
Egon Wurm: 41, 42, 205, 206
Zefa/Alexandre: 64/65
Zefa/Hummel: 144/145
Zefa/Orion Press: 142/145
Zefa/Steenmanns: 175
Zefa/Wisniewski: 164

In unserer Bildbandreihe sind erschienen:

Ouvrages parus dans notre collection:

Our series of illustrated books includes the following titles: